我们一起解决问题

弗布克流程设计与工作标准丛书

电商运营管理
流程设计与工作标准

流程设计·执行程序·工作标准·考核指标·执行规范

孙宗虎　孙兆刚　编著

人民邮电出版社
北　京

图书在版编目（ＣＩＰ）数据

电商运营管理流程设计与工作标准 ： 流程设计·执
行程序·工作标准·考核指标·执行规范 / 孙宗虎，孙
兆刚编著. -- 北京 ： 人民邮电出版社，2021.7（2024.3重印）
（弗布克流程设计与工作标准丛书）
ISBN 978-7-115-56665-2

Ⅰ. ①电… Ⅱ. ①孙… ②孙… Ⅲ. ①电子商务—运
营管理 Ⅳ. ①F713.365.1

中国版本图书馆CIP数据核字(2021)第113708号

内 容 提 要

这是一本关于电商运营管理人员如何干好工作的图书。本书始于流程，细说过程，关注全程，附带
规程，成于章程，具有很强的操作性和实务性。

本书在介绍流程与流程图绘制的基础上，详细介绍了电商市场定位与竞争分析，电商平台选择与管
理，店铺规划管理，店铺开业管理，电商营销与促销管理，爆品管理，电商直播管理，店铺流量管理，
电商客服管理，电商团队建设管理等10大工作事项。

本书适合电商运营管理人员、电商行业创业人员，尤其是电商运营管理流程设计者阅读，也适合高
等院校电子商务专业师生、相关培训和咨询人员阅读。

◆ 编　　著　孙宗虎　孙兆刚
　责任编辑　付微微
　责任印制　胡　南
◆ 人民邮电出版社出版发行　　　　　　北京市丰台区成寿寺路 11 号
　邮编 100164　电子邮件 315@ptpress.com.cn
　网址 https://www.ptpress.com.cn
　涿州市殷润文化传播有限公司印刷
◆ 开本：787×1092　1/16
　印张：18　　　　　　　　　　　　　2021 年 7 月第 1 版
　字数：360 千字　　　　　　　　　　2024 年 3 月河北第 6 次印刷

定　价：89.00 元
读者服务热线：（010）81055656　印装质量热线：（010）81055316
反盗版热线：（010）81055315
广告经营许可证：京东市监广登字 20170147 号

"弗布克流程设计与工作标准丛书"序

"弗布克流程设计与工作标准丛书"自 2007 年上市以来得到了广大读者的认可，其间，结合广大读者提出的许多宝贵意见和管理发展现状，我们对这套书进行了改版。在此我们向通过邮件、电话给我们提出意见、指出错误的热心读者深表谢意！

为了满足广大读者**细化内容、增强标准的实用性、添加考核指标、提供执行规范、更新业务流程**的诉求，我们对本丛书中的 15 本图书再次进行了修订。

在借鉴前两版的基础上，我们对本丛书进行了全新的设计，务求根据读者的新诉求、管理的新变化、业务的新形态、技术的新发展，以**流程化、标准化、绩效化和规范化**为中心，直面企业的管理和业务两大类工作，提供工作**流程**，设计**范本**，细化包括**执行程序、工作标准、考核指标、执行规范**在内的整体工作解决方案，以实现**向工作要效率、向管理要效能、向结果要价值**的目标。

本丛书通过流程、程序、标准、指标和规范，把完成一项工作的所有过程要素"逐一细化，一网打尽"，从而让管理者、业务执行者能够更系统、更规范、更有效地完成工作任务，实现工作目标，倍增工作价值。

工作流程：让执行有导图可看，有路径可鉴。

工作程序：让执行有步骤可依，有重点可抓。

工作标准：让执行有依据可参，有尺度可量。

工作指标：让执行有结果可考，有效益可算。

工作规范：让执行有制度可循，有方案可用。

本丛书的写作**始于流程，细说过程，关注全程，附带规程，成于章程**。通过**流程、过程、全程、规程**，最终形成关于各项工作的**章程**。

始于流程：为每项工作绘制工作流程图，将工作显性化、程序化、阶段化。

细说过程：为每个程序步骤给出重点提示，将工作关键化、细节化、重点化。

关注全程：对需要完成的工作目标全程关注，将工作阶段化、进程化、成果化。

附带规程：为每项工作制定相关制度规范，将工作制度化、规范化、方案化。

成于章程：对工作进行 360 度解析，形成关于工作的规范性文书。

在修订图书的过程中，我们也考虑了技术变化对工作的影响，并将新技术对工作方式、工作方法、工作流程的改变，尽力体现在相关的流程、程序、标准、指标和规范的设计中。

本丛书试图通过完美的设计，并兼顾技术发展对工作的影响，为读者提供贴合工作实际的管理内容，以达到"人与事的完美结合"，实现从"如何做"向"如何有效地做"的转变，最终为读者提供一套关于"干工作、干好工作、追求卓越工作"的有效解决方案。

我们希望本丛书能够为您的管理工作减少一些流程设计方面的麻烦，为您提供流程设计方面的帮助，并为您和您的企业在工作规范化方面提供完备的章程。

您的意见对我们下次改版非常重要！再次期待您的宝贵建议！

2020 年 6 月

前言

　　《电商运营管理流程设计与工作标准：流程设计·执行程序·工作标准·考核指标·执行规范》是"弗布克流程设计与工作标准丛书"中的一本，这本书围绕电商运营管理工作的流程设计，辅以相应的工作标准，将电商运营管理10大事项的执行工作落实到具体的流程上，既解决了"由谁做""做什么"的问题，也解决了"如何有效地做""按照什么标准做"的问题。本书提供了一整套电商运营管理工作者如何干工作、干好工作、追求卓越工作的有效解决方案。

　　本书系在之前版本的基础上修订而成，为了更加符合当前企业发展的大趋势及满足精细化管理需求，有关内容修订如下。

一、重构了流程体系，使逻辑关系更清晰

　　首先，在整体内容结构上，本书重新梳理了流程顺序，针对电商市场定位与竞争分析，电商平台选择与管理，店铺规划管理，店铺开业管理，电商营销与促销管理，爆品管理，电商直播管理，店铺流量管理，电商客服管理，电商团队建设管理等10大工作事项，梳理了电商运营管理的工作内容，使电商运营管理流程更加符合当今企业的实际。

　　其次，根据梳理后的电商运营管理流程体系，结合企业切实推行流程管理的需要，本书增补了一些新的流程，进一步细化了电商运营管理的具体工作事项，使电商运营管理流程更加全面、详细，便于企业将流程管理应用到电商运营管理的每一个具体事项上。

　　最后，为方便电商推行流程管理或应用本书推行流程改造，本书的每一章都新设了一节内容，即在介绍流程设计之前，先对流程设计的目的或流程在电商运营管理中发挥的作用进行说明，并给出了本章流程之间的内在逻辑关系，为电商选用本书介绍的相关流程提供了决策依据。

二、细化了管理过程，使内容更翔实

　　（1）对于某一个具体的流程，本书按电商运营管理的实际情况重新梳理或更新了流

程步骤，进一步细化、补充了流程中节点事项的工作标准，使电商运营管理流程、工作标准更加符合电商运营管理的实际工作需要，以方便企业相应部门的员工"拿来即用"。

（2）本书还针对电商运营管理流程中关键事项的落实及执行设计了相应的考核指标与操作说明，为流程中关键事项的执行效果提供了考核依据，从而确保流程与工作标准能够得到高效执行，最终为电商推动流程管理提供了有力的保障。

三、根据管理现状编写，使企业能据实而作

本书提供的是"参照式"流程设计范本。随着电商运营管理水平的不断提高，电商运营管理的流程与工作标准也在不断地发生变化，因此，读者在应用本书时可参考以下建议。

（1）读者可根据所在企业的实际情况，适当修改或重新设计书中提供的电商运营管理流程与工作标准，使之更加适用本企业的情况。

（2）读者可参照本书中的流程，将所在企业每个部门内每个岗位的工作流程适当压缩，力求达到流程再造的目的，以提高企业的运营效率。

（3）读者要在实践中不断改进已经形成的工作流程，真正做到因需而变、高效管理、高效工作，最终实现"赢在执行"的目标。

我们衷心希望本书能为电商推动流程管理提供业务运用层面的指导和实务性的解决方案。

再次感谢数以万计的读者对本书的支持与厚爱，没有你们这些实践专家提供的建议，就不会有本书的这些改进和补充。

目 录 Contents

第2章　电商市场定位与竞争分析

目录

第7章　爆品管理

目录

第 8 章　电商直播管理

目录

第 10 章　电商客服管理

第 11 章　电商团队建设

目录

管理的核心目标是用制度管人，按流程做事。不论是制度设计，还是流程设计，都是每一个企业要开展的工作，而且是每年都要循环开展的工作。

企业在进行流程设计之前，应先对流程的概念有一个清晰的认识，并在此基础上掌握流程图绘制的方法，选好绘制工具，然后着手设计。同时，企业要根据自身的运营情况，及时对流程进行修改、调整和再造。

1.1 流程

1.1.1 流程的定义

关于流程，不同的人有不同的看法。有人认为，流程就是程序，其实，"流程"和"程序"是两个互相关联但绝不等同的概念。"程序"体现出一件工作中若干作业项目哪个在前、哪个在后，即先做什么、后做什么。而在"流程"中，除了体现出先做什么、后做什么之外，还体现出每一项具体任务是由谁来做，即甲项工作由谁负责、乙项工作由谁负责等，从而反映出他们之间的工作关系。

只有通过流程，才能把一件工作的若干作业项目或工作环节，以及责任人之间的相互工作关系清晰地表示出来。

一般情况下，企业流程有以下五大特征：

（1）流程是为达成某一结果所必需的一系列活动；

（2）流程活动是可以被准确重复的过程；

（3）流程活动集合了所需的人员、设备、物料等；

（4）流程活动的投入、产出、品质和成本可以被衡量；

（5）流程活动的目标是为服务对象创造更多的价值。

我们不妨给流程下一个定义："**流程是为特定的服务对象或特定的市场提供特定的产品或服务所精心设计的一系列活动。**"

流程包括六大要素，即输入的资源、活动、活动的相互作用（结构）、输出的结果、服务对象和价值。流程的基本模式如图 1-1 所示。

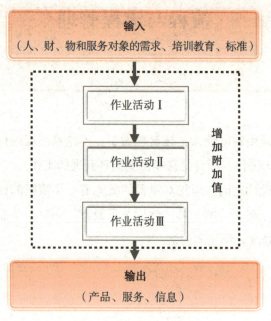

图 1-1　流程的基本模式

1.1.2　流程的分类

企业流程可分为决策流程、管理流程和业务流程三大类，具体内容如表 1-1 所示。

表 1-1　企业流程的分类

序号	类别	定义	特点/构成
1	决策流程	◎能确保企业达到战略目标的流程 ◎确定企业的发展方向和战略目标，整合、发展和分配企业资源的过程	◎股东、董事、监事会等组建流程 ◎战略、重大问题及投资流程 ◎企业决策流程的构成如图 1-2 所示
2	管理流程	◎企业开展各种管理活动的相关流程 ◎通过管理活动对企业业务的开展进行监督、控制、协调、服务，间接为企业创造价值	◎上级组织对下级组织的管控流程 ◎资源配置流程（人、财、物以及信息） ◎企业管理流程的构成如图 1-3 所示
3	业务流程	◎直接参与企业经营运作的相关流程 ◎安排完成某项工作的先后顺序，对每一步工作的标准、作业方式等内容做出明确规定，主要解决"如何完成工作"这一问题	◎涉及企业"产、供、销"环节 ◎包括核心流程和支持流程 ◎企业业务流程的构成如图 1-4 所示
备注	从企业经营活动角度来说，企业流程又可分为战略流程、经营流程和支持流程		

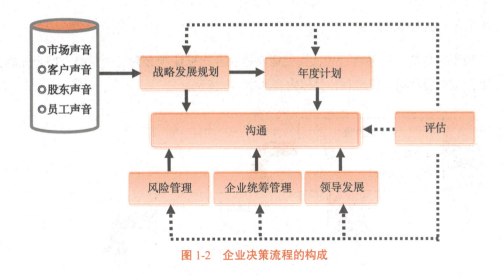

图 1-2　企业决策流程的构成

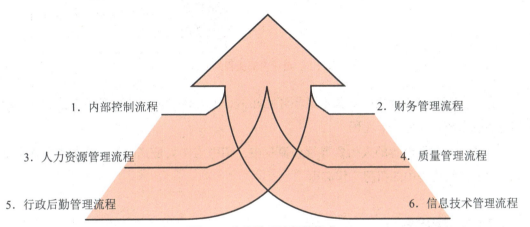

1. 内部控制流程　　　　　　　　　2. 财务管理流程

3. 人力资源管理流程　　　　　　　4. 质量管理流程

5. 行政后勤管理流程　　　　　　　6. 信息技术管理流程

图 1-3　企业管理流程的构成

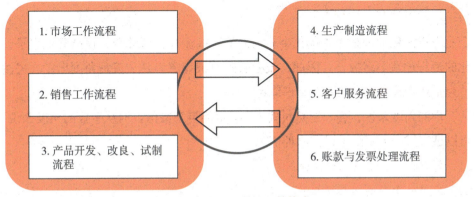

1. 市场工作流程

2. 销售工作流程

3. 产品开发、改良、试制流程

4. 生产制造流程

5. 客户服务流程

6. 账款与发票处理流程

图 1-4　企业业务流程的构成

1.1.3　流程的层级

为便于对各类流程进行管理，我们通常将企业内部流程分为三个层级，即企业级流程、部门级流程和岗位级流程，具体内容如图 1-5 所示。

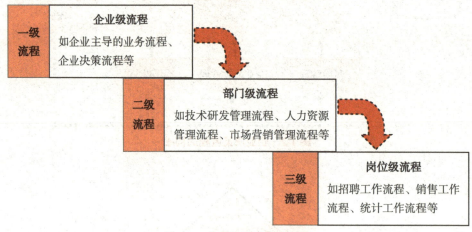

图 1-5　企业内部流程的层级

企业内部各级流程之间的关系是环环相扣的，上一级别流程中的某个节点在下一级别可能就会演化成另一个流程。

例如，在二级流程的人力资源管理流程中，招聘工作只是其中的一个节点，而它又会演化成三级流程中的招聘工作流程。

1.2　流程管理

1.2.1　流程管理的含义分析

企业进行流程管理是为了优化企业内部的各级流程，帮助企业提高管理水平，并通过优化的流程创造更多效益。因此，流程管理可被理解为是从流程角度出发，关注流程能否"为企业实现增值"的一套管理体系。

从客户的角度来说，客户愿意付费/购买就能带来增值。但从企业的角度来说，"增值"可以被理解为但不限于以下六种情况：

（1）效益提升，投资回报率上升；

（2）工作效率提高，业绩提升；

（3）工作质量、产品/服务质量提升；

（4）各种浪费减少，经营成本降低；

（5）沟通顺畅，办公氛围和谐、向上；

（6）品牌价值提升，知名度提升。

企业流程管理主要是对企业内部进行革新，解决职能重叠、中间层次多、流程堵塞等问题，使每个流程从头至尾责任界定清晰，职能不重叠、业务不重复，达到缩短流程周期、节约运作成本的目的。

1.2.2　流程管理的目标分析

流程管理是按业务流程标准，在职能管理系统授权下进行的一种横向例行管理，是一种以目标和服务对象为导向的责任人推动式管理。

流程管理的目标分析说明如表 1-2 所示。

表 1-2　流程管理的目标分析说明

项次	分析项	具体描述
1	流程管理的最终目的	◎提升客户满意度，提高企业的市场竞争能力 ◎提升企业绩效
2	流程管理的宗旨	◎通过精细化管理提高管控程度 ◎通过流程优化提高工作效率 ◎通过流程管理提高资源的合理配置程度 ◎快速实现管理复制
3	流程管理的总体目标	管理者依据企业的发展状况制定流程改善的总体目标
4	总体目标分解	在总体目标的指导下，制定每类业务或单位流程的改善目标
5	流程管理的工作标准与要求	◎保证业务流程面向客户、管理流程面向企业目标 ◎流程中的活动都是增值的活动 ◎员工的每一项活动都是实现企业目标的一部分 ◎流程持续改进
6	流程管理在企业发展各阶段的具体目的	企业需要根据自身发展阶段和遇到的具体问题对流程管理有所侧重 ◎梳理：工作顺畅，信息畅通 ◎显化：建立工作准则，便于员工查阅、了解流程，便于员工之间沟通并发现问题，便于员工复制流程及对流程进行管理 ◎监控：找到监测点，监控流程绩效 ◎监督：便于上级对工作进行监督 ◎优化：不断改善工作，提升工作效率

1.2.3　流程管理工作的三个层级

总体来说，企业流程管理工作包括三个层级，即流程规范、流程优化和流程再造。各个层级的主要内容及适用情况如表 1-3 所示。

表 1-3　流程管理工作三个层级的主要内容及适用情况

层级划分	主要内容	关键输出	适用时机 / 阶段
第一层级 流程规范	整理企业流程，界定流程各环节的工作内容及相互之间的关系，形成业务的无缝衔接	◎流程清单 ◎流程体系框架图 ◎各流程图	适合所有企业的正常运营时期
第二层级 流程优化	流程的持续优化过程，持续审视企业的流程，不断完善和强化企业的流程体系	◎流程诊断表 ◎流程清单（新） ◎流程体系框架图（新） ◎各流程图（新）	适合企业任何时期
第三层级 流程再造	重新审视企业的流程和再设计	◎流程再造分析报告 ◎流程清单（新） ◎流程体系框架图（新） ◎各流程图（新）	适合企业变革时期，以适应企业变革阶段治理结构的变化、战略改变、商业模式变化，以及出现的新技术、新工艺、新产品、新市场等情况

　　需要注意的是，在流程建设管理工作中，企业应遵循"点面结合"的原则，在加强流程管理体系整体建设（面）的同时持续改进具体流程内容（点）。

1.3　流程管理工作的开展

1.3.1　项目启动

　　为确保流程能够满足企业战略发展的要求，企业需要从全局视角开展流程管理工作，构建企业流程体系框架，找到关键流程，设计出符合企业实际和发展需求的流程与流程体系。

　　企业可组建流程建设项目小组，启动流程建设项目的工作指引，具体内容如表 1-4 所示。

表 1-4　启动流程建设项目的工作指引

步骤	步骤细分	具体说明	责任主体	输出
启动流程建设项目	成立项目小组	具体参见表 1-5	流程管理部门	◎项目小组成员名单及职责说明 ◎项目工作计划
	选择规划工具或方法	包括基于岗位职责的建设方法（从下到上）、基于业务模型的建设方法（从下到上）和借助第三方（咨询公司）的流程建设方法等	流程管理部门	◎规划项目操作指引 ◎会议记录 / 纪要
	制订工作计划	明确项目里程碑，确定各项具体工作清单与步骤及其责任主体，可使用甘特图	流程规划项目组	

步骤	步骤细分	具体说明	责任主体	输出
启动流程建设项目	发布项目操作指引	包括项目简介、工作计划、成员名单及职责、建设步骤方法、各步骤的详细操作说明、流程图模板、案例、已有流程清单、项目组激励方案等	流程管理部门	◎规划项目操作指引 ◎会议记录／纪要
	召开项目启动会	会议重点是项目整体介绍、背景及理念、角色与职责定位、总体计划、项目最终成果及意义等	流程管理部门	
备注	本阶段常用的工具或方法有甘特图、项目管理法等			

流程建设工作需要得到企业领导层的重视与支持，项目小组的组建及成员构成如表 1-5 所示。

表 1-5　流程建设项目小组的组建及成员构成

角色定位	成员构成	主要职责
企业流程管理委员会	由企业高层领导组成，如总经理、各主管副总等，成员控制在 3~5 人	◎提供资源支持 ◎任命建设项目经理 ◎审核建设项目计划 ◎参与关键问题决策 ◎参与关键环节的建设及决策
流程建设项目经理	可由流程管理部门经理担任，也可考虑增设项目副总，由相关部门经理担任	◎编制项目计划 ◎监督项目成员完成目标 ◎评估项目成员工作表现
项目助理	可由流程管理部门人员担任	协助项目经理管理项目日常工作，如整理文档等
成员（各部门负责人）	项目成员应具有丰富的工作经验，多为各部门负责人，由其参与部门流程建设工作；也可指派部门人员参与项目小组的工作。各业务部门的流程应统一建设	◎根据项目计划，组织本部门完成相应的流程建设工作 ◎参与本部门流程图和企业全景流程图的绘制，宣传贯彻和应用流程建设成果
成员（流程管理部门的人员）	流程管理部门的工作人员均应参与项目	负责流程建设方法、工具的开发及各部门的相关培训与指导工作

第一章　流程与流程管理

1.3.2　识别流程

在识别流程阶段，企业需要做的是识别本企业有哪些流程，编制流程清单，界定流程之间的界限及为流程命名，帮助企业从流程的视角弄清企业管理现状，为后续的流程建设、每个流程的具体描述提供良好的基础。

由于各部门流程识别、流程清单的梳理对之后的工作至关重要，因此这项工作一般应由各部门领导牵头组织，先整理出部门业务流程主线，明确本部门的关键环节和核心业务，进而确定主要业务流程及分项流程之间的关系。识别流程阶段的工作指引如表 1-6 所示。

/ 007 /

表 1-6　识别流程阶段的工作指引

步骤	步骤细分	具体说明	责任主体	输出
识别流程	流程建设培训	流程管理部门对各部门进行流程建设方面的培训，培训的重点是如何使用各种表格等，具体内容包括项目简介、涉及的概念、目的和产出、职责划分、建设步骤、表格编制、工作计划、答疑等	流程管理部门	◎培训课程 ◎培训计划 ◎部门流程清单 ◎企业流程清单（参见表1-7）
	各部门流程识别	进行部门内岗位分析、业务线分析；将职责分解，细化到岗位、业务活动，并按活动的先后顺序排列，提炼出流程；界定流程的上下接口、输入/输出及责任主体；汇总部门内流程，编制部门流程清单	各部门，包括岗位代表人员、部门负责人	
	编制企业流程清单	流程管理部门汇总各部门流程清单，与各部门充分沟通，删除重复流程，查漏补缺，形成企业流程清单	流程管理部门	
备注	本阶段常用的工具及方法有战略地图、业务单元分析法、部门职能分析法、岗位工作分析法等			

1.3.3　构建流程清单

流程建设项目小组在本阶段的主要任务是与各部门进行沟通、讨论，对企业流程进行分类和分级，构建企业流程框架，输出企业流程清单，具体内容如表1-7所示。

表 1-7　企业流程清单

序号	一级流程	二级流程	三级流程	归口管理部门	流程状态
备注	流程状态的填写说明：1代表流程已有且有效；2代表流程已有，待梳理；3代表无文件，待设计梳理				

1.3.4　评估流程重要程度

本阶段的工作任务是评估企业流程的重要程度，识别出关键流程、核心流程等，将其作为流程设计、运行管理、优化再造工作的重点，以提高企业流程建设工作的效率和效益。

企业的所有活动都是为了提高客户的满意度，实现价值，企业流程重要程度的衡量标准是流程的增值性。一般情况下，直接与客户产生业务关系的流程（如售后服务流程）、与企业核心竞争力相关的流程（如产品质量管理流程）等为企业的重要流程。

表1-8为某公司流程建设项目的流程重要程度评估分析表，供读者参考。

表 1-8　某公司流程建设项目的流程重要程度评估分析表

流程名称	与客户相关度（30%）	与整体绩效相关度（30%）	与战略相关度（25%）	流程横向跨度（15%）	评估得分	重要程度等级
×××流程	60	60	60	60	60	
用表说明	1. 以"××××流程"的评估为基准，其他各流程与之对比 2. 各评估项单项总分为100分，各单项评分乘以权重后的"和"为总分 3. 重要程度评估根据最终评分结果，采取强制百分比法，排名5%的为A级流程，排名6%~20%（包含）的为B级流程，排名21%~30%（包含）的为C级流程，排名31%~50%（包含）的为D级流程，其他为E级流程 4. 评级结果为A、B、C级的流程要重点管理

1.3.5　完善体系框架

完成流程重要程度评估分析后，企业需要在流程清单的基础上进一步完善流程体系框架，标注流程的重要程度等级，具体内容如表1-9所示。

表 1-9　企业流程的重要程度等级

一级流程	二级流程	三级流程	归口管理部门	流程状态
××××流程（B级）	××××流程（B级）	××××流程（A级）		
		××××流程（B级）		
	××××流程（C级）	××××流程（C级）		
		××××流程（D级）		

1.3.6　进行流程设计

企业在进行流程设计时，应遵循以下七个步骤。

第1步：界定流程范围

流程设计的第1步是界定流程范围，即确定信息的输入和输出。

在这一环节，企业需要回答以下几个问题。

- 有哪些流程业务活动？
- 流程从何处开始，于何处终止？
- 流程的输入和输出是什么？
- 输出的成果交给谁（客户）？
- 客户有何要求？

在此，我们以设计"外部招聘管理流程"为例来说明流程范围界定，具体内容如表 1-10 所示。

表 1-10　外部招聘管理流程范围界定

流程名称	外部招聘管理流程	流程编号	
流程责任部门 / 责任人	人力资源部 / 招聘主管	流程对应 客户	各用人部门
本流程业务活动	人力资源部招聘、面试、录用管理工作		
流程开始	招聘需求	流程结束	录用决策、签订劳动合同
流程输入	已批准的招聘计划、临时招聘需求	流程输出	面试评估报告、劳动合同
客户对流程的要求 （目标）	1. 期限内完成招聘任务 2. 人岗匹配		

第 2 步：确定流程活动的主要步骤

流程设计人员在界定完流程范围后，接下来需要进行调查分析，确定本流程活动的主要步骤，操作方法如图 1-6 所示。

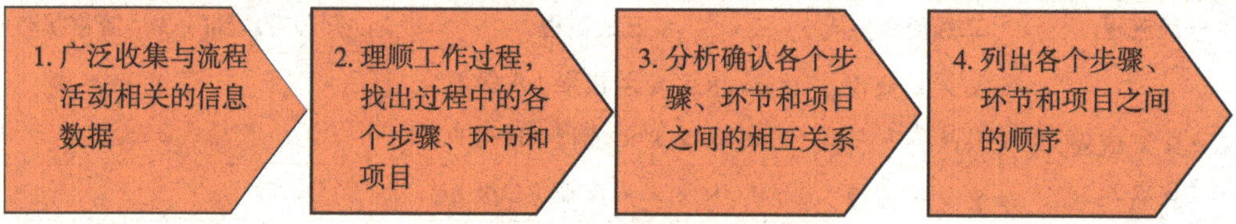

图 1-6　确定流程活动的主要步骤

我们以设计"外部招聘管理流程"为例，其主要步骤（参见表 1-11）包括招聘需求汇总、招聘岗位分析与条件确定、发布招聘信息、简历收取与筛选、面试与评估、做出录用决策、签订劳动合同及试用期管理等。

第 3 步：详细说明步骤

本阶段应针对已确定的流程活动的主要步骤进行分析和描述，需要完成以下工作：

- 分析每一个步骤的输入、输出（成果）；
- 明确后续步骤的客户要求；

- 确定每一步骤工作／活动的检查、考核、评估指标；
- 确定每一步骤涉及的部门／人员，明确其责任、权限和资源需求；
- 确定本流程的层次及与上下层级之间的关系。

我们仍以设计"外部招聘管理流程"为例，本阶段流程活动的主要步骤及具体描述如表 1-11 所示。

表 1-11　外部招聘管理流程活动的主要步骤及具体描述

流程名称	外部招聘管理流程		流程编号	
流程责任部门／责任人	人力资源部／招聘主管		流程对应客户	各用人部门
本流程业务活动	人力资源部招聘、面试、录用管理工作			
流程开始	招聘需求		流程结束	录用决策、签订劳动合同
流程输入	已批准的招聘计划、临时招聘需求		流程输出	面试评估报告、劳动合同
客户对流程的要求（目标）	1. 期限内完成招聘任务 2. 人岗匹配			
流程步骤	步骤描述		重要输入	重要输出
招聘需求汇总	人力资源部在经过批准的年度招聘计划指导下，按时进行计划内的人员招聘工作		招聘计划	—
	计划外招聘需由部门提出招聘申请并拟定上岗要求和资格条件，报总经理或相关副总经理审核		岗位说明书	招聘岗位清单
招聘岗位分析与条件确定	人力资源部根据当时的市场薪资行情和企业薪资架构体系，初步拟定待招聘的职位等级及基本薪资范围		—	—
	根据待招聘职位的高低，呈交相应的决策层核准，之后正式启动招聘工作 ◎部门经理及以上管理职位由总裁核准 ◎部门主管及主管以下职位由分管人力资源副总经理核准		—	—
发布招聘信息	通过内外部多种渠道发布招聘信息，同时收集人才资料，可经由下列方式进行 ◎发布内部职位空缺公告 ◎在媒体发布招聘广告 ◎接洽人才中介机构 ◎请高校推荐 ◎参加人才交流会等		岗位说明书	招聘广告

流程步骤	步骤描述	重要输入	重要输出
简历收取与筛选	人力资源部收到应聘者的各项资料后，先进行初步审核，审阅其学历、经验是否符合企业要求，再将审核通过的应聘者的资料转交用人部门进一步审核，通过书面资料审核淘汰一部分不符合岗位要求的应聘者	应聘简历	面试人员清单
面试与评估	由人力资源部主导，对通过审核的应聘者进行笔试及面试，从人员的基本素质方面进行评估，筛选出符合要求的应聘者	面试清单	面试记录面试评估表
	在人力资源部的协助下，由相关业务部门的人员对应聘者进行专业技能考核	—	面试评估表
	◎主管级别及以下职位由副总经理进行最终面试 ◎部门经理及以上管理职位由总经理进行最终面试	—	面试评估表
做出录用决策	根据企业高层领导及用人部门的意见，人力资源部告知被录用者其最终职位和薪资情况	—	—
	将其他优秀但未被录用的应聘者的资料存入人才库	—	人才库
	通过面试的应聘者必须参加体检，体检未通过者不予录用	—	体检报告
签订劳动合同	人力资源部发出录用通知单，与被录用者签订劳动合同，并根据招聘/录用管理制度为被录用者办理相关的入职手续	—	劳动合同
试用期管理	执行试用期管理流程	—	—
考核评估方法	招聘任务是否按期完成、招聘人数完成率、招聘计划出错次数、招聘广告出错次数等		

第4步：选择流程形式

根据流程的分类、层级、复杂程度，以及流程活动的内部关联性等因素，企业流程主要有四种展现形式，即箭头式流程图、业务流程图、矩阵式流程图和泳道式流程图。

☆ 箭头式流程图

箭头式流程图的特点是直观、一目了然，适用于企业员工都熟悉流程中各项作业概况的情况或流程中各项作业任务较简单的情况。箭头式流程图的示例如图1-7所示。

企业在设计箭头式流程图时，需要注意以下两个问题。

●在图中明确执行主体，如果是单一的执行主体，可将执行主体省略。

●用简洁的语言对流程图中的主要活动进行解释说明，以进一步明确活动要求和指令。

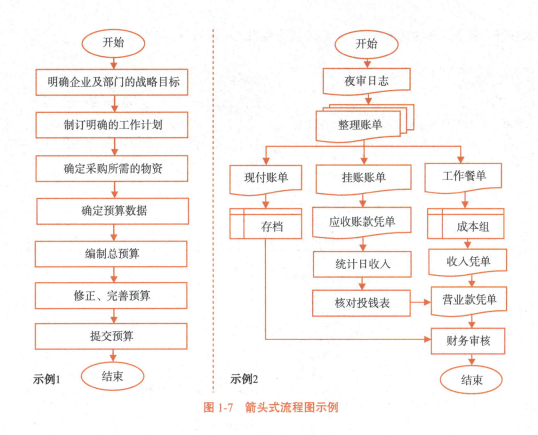

图 1-7　箭头式流程图示例

☆ **业务流程图**

在业务流程图中，需要明确流程的上下执行主体、活动内容、要求及指令，并将要求和指令用统一的语言表达出来。流程活动的承担者之间必须是平等、互助、尊重、关怀的关系。业务流程图的示例如图 1-8 所示。

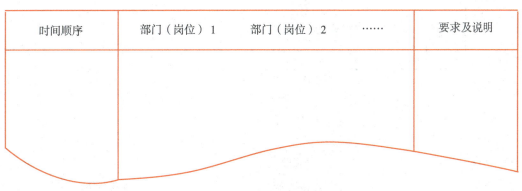

时间顺序	部门（岗位）1	部门（岗位）2	……	要求及说明

图 1-8　业务流程图示例

☆ **矩阵式流程图**

矩阵式流程图有纵、横两个方向的坐标，它既解决了先做什么、后做什么的问题，又明确了各项工作的具体责任人。矩阵式流程图的示例如图 1-9 所示。

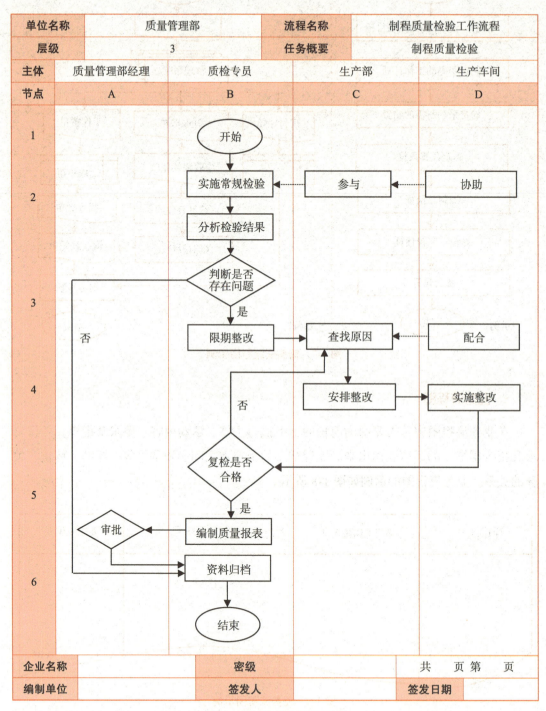

单位名称	质量管理部		流程名称	制程质量检验工作流程
层级	3		任务概要	制程质量检验
主体	质量管理部经理	质检专员	生产部	生产车间
节点	A	B	C	D

企业名称		密级		共　　页第　　页
编制单位		签发人		签发日期

图 1-9　矩阵式流程图示例

☆ **泳道式流程图**

与矩阵式流程图相似，泳道式流程图也是通过纵、横双向坐标来设计流程，纵向为分项工作任务，横向是承担任务的部门、岗位（即执行主体）。

这种流程图样式与其他流程图类似，但在业务流程的执行主体上，主要通过泳道（纵向条）区分执行主体。泳道式流程图的示例如图 1-10 所示。

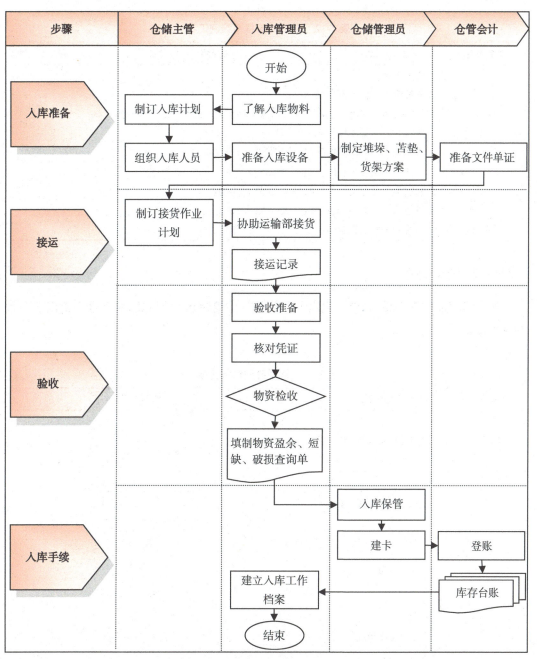

图 1-10　泳道式流程图示例

第 5 步：绘制流程草图

流程图的绘制是指流程设计人员将流程设计或流程再造的成果以书面形式呈现出来。

☆ 绘制工具的选择

绘制流程图常用的工具有 Word、Visio 等，这两个工具各有各的特点（见表 1-12），流程图设计人员可根据本企业流程设计要求、个人使用习惯等自由选择。

表 1-12　常用的流程图绘制工具

工具名称	工具介绍
Word	1. 普及率高 2. 方便发排、打印及印制 3. 绘制的图片清晰，文件小，容易复制到移动存储器中，便于收发 4. 较费时，绘制难度较大 5. 与其他专用绘图软件相比，绘图功能不够全面
Visio	1. 专业的绘图软件，附带相关建模符号 2. 通过拖曳预定义的图形符号很容易组合图表 3. 可根据本单位流程设计需要进行组织的自定义 4. 能绘制一些组织复杂、业务繁杂的流程图

☆ 流程绘制符号

美国国家标准学会（ANSI）规定了流程设计中绘制流程图的标准符号，常用的流程绘制符号如表 1-13 所示。

表 1-13　常用流程绘制符号

序号	符号名称	符号
1	流程的开始或结束	⬭
2	具体作业任务或工作	▭
3	决策、判断、审批	◇
4	单向流程线	→

序号	符号名称	符号
5	双向流程线	
6	两项工作跨越、不相交	
7	两项工作连接	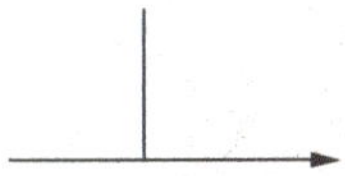
8	作业过程中涉及的文档信息	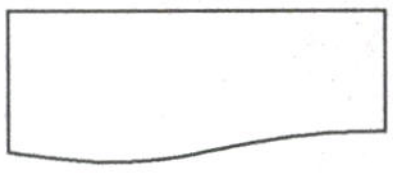
9	作业过程中涉及的多文档信息	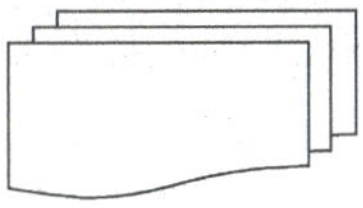
10	与本流程关联的其他流程	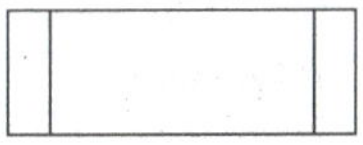
11	信息来源	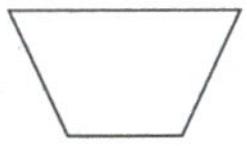
12	信息储存与输出	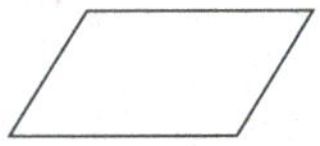

实际上，流程绘制的标准符号远不止表 1-13 所列的这些。但是，流程图的绘制越简洁、明了，操作起来就越方便，企业也更容易接受和落实；符号越多，流程图就越复杂，越难以落实到位。所以，一般情况下，企业使用 1~4 项流程绘制的标准符号就基本可以满足绘制流程图的需要了。

☆ **绘制草图**

不同的流程展现形式体现了不同层次的流程。例如，一二级流程适合用矩阵式流程图和泳道式流程图呈现，而三级流程中的部分业务流程适合用箭头式流程图和业务流程图呈现。

值得一提的是，流程设计人员在绘制流程图的过程中，需要确定该流程与上下游流程之间的接口，以及与规范流程运行要求相关联的制度之间的关系，并根据实际情况尽量将其在流程图中反映出来，如流程图中可根据流程节点给出相应的制度、表单等。

第一章　流程与流程管理

第 6 步：流程意见反馈

流程图绘制完成后，需要通过意见征询、试运行等方式获得相关意见和建议，发现不足和纰漏，以便对其做出进一步修改和完善，直至最终定稿。

针对初步绘制的流程图，流程设计人员可通过以下三种方式征求各方的意见，具体内容如图 1-11 所示。

图 1-11　流程图草案意见征询方式

第 7 步：流程调整修正

通过上述方式进行意见征询后，流程设计人员应综合分析意见征询结果，汇总各种修改意见，对流程图进行修改和完善，提交权限主管领导审核后再呈交总经理批准，或在董事会审议通过后公示执行。

☆ 流程定稿要求

老员工能够按流程图做事，新员工根据流程图知道怎样做事。

☆ 流程试运行与检查

流程设计人员要监控流程试运行过程，检查并汇总试运行过程中出现的问题，做好检查记录，为问题分析和流程改善做准备。流程实施与检查内容说明如表 1-14 所示。

表 1-14　流程实施与检查内容说明

项次	检查项目	具体检查内容
1	检查流程是否稳定	◎在实施过程中是否出现例外活动 ◎在实施过程中是否出现步骤、时间、权责方面的冲突 ◎是否出现上一部分的步骤成果（输入）不能充分影响下一步骤的情况 ◎是否出现资源（特别是人力资源）与任务不匹配的情况
2	检查程序是否合理	◎适宜性：程序适应内外部环境变化的能力 ◎充分性：程序各过程的展开程度 ◎有效性：达到的结果与所使用的资源之间的关系，要确保程序的经济性

☆ 流程简化

流程简化的目标是用最少的资源执行流程，减少资源浪费。流程简化的方法包括取消环节、合并环节、环节调序、简化环节、自动化环节以及一体化环节等。

流程简化工作的一般操作方法如下：

- 对评估流程进行再评估，确认和削减增加资源耗费的活动；
- 评估各种测量方法，判断其能否提供有用和可控的信息；
- 缩短时间，测试输出数量 / 质量是否相应减少；
- 依据上述变动调整程序简化计划；
- 将程序置于自动运行状态，通过周期性检查发现问题。

1.3.7　流程发布、实施与检查

1. 流程的确定与发布

流程设计人员将经过实践检验的流程图提交企业领导审核签字后，以适当的方式向全体员工公示，并自公示之日起生效，便于员工遵照执行。

一般情况下，常用的流程公示方式有四种，企业可根据实际情况选择运用，具体内容如表 1-15 所示。

表 1-15　流程公示的四种方式及操作说明

序号	公示方式	操作说明
1	全文公告公示	在企业公共区域将流程图及相关说明全文公告，并将公告现场以拍照、录像等方式加以记录
2	集中学习	召开员工会议或组织员工进行集中学习、培训，并让员工签到确认参与了学习或培训
3	员工阅读并签字确认	将流程及相关说明做成电子或纸质文件交由员工阅读并签字确认。确认方式包括在流程文件的尾页签名、另行制作表格登记、制作单页的"声明"或"保证"

序号	公示方式	操作说明
4	作为劳动合同附件	将流程文件作为劳动合同的附件，在劳动合同专项条款中约定"劳动者已经详细阅读，并自愿遵守本企业的各项规定"等内容

企业的经营管理人员或人力资源管理人员，对流程公示工作要细心谨慎，注意以下两大事项。

事项1：务必让当事人知晓

务必将相关通知、决定等送到当事人手中，而不是"通告一贴，高高挂起"，要确保能够达到公示与告知的目的。

事项2：注意留存公示的证据

不同的公示方式有不同的证据留存方式。例如，让员工在"签阅确认函"上签字确认，可签"已经阅读、明了，并且承诺遵守"等。

2. 优化流程实施的环境

设计了流程并不意味着企业的运行效率和经济效益必然会有大幅度的提高，更重要的工作是抓好流程管理的落实。

在管理和实施流程的过程中，企业不能忽视对流程实施环境的管理，应该注意以下几点。

●建立合适的企业文化

企业流程设计或再造一般均以流程为中心、以追求客户满意度的最大化为目标，这就要求企业从传统的职能管理向过程管理转变。

企业在实施流程管理时，需要改变过去的传统观念和习惯做法，建立一种能够适应这种转变的以"积极向上、追求变革、崇尚效率"为特征的企业文化，以使每个流程中的各项活动都能实现最大化增值的目标，为企业经济效益的提高做贡献。

●提高企业领导对流程管理的认识

提高企业领导，特别是企业高层领导对流程管理的认识是企业发展中的重要问题，是企业提高运营效率和经济效益的重要措施，是企业战胜竞争对手的主要手段，是企业发展战略中的重要因素。

只有企业的董事长、总经理、总监等高层领导重视流程管理，才能推动企业的流程再造，实施才能见到效果。

●加强培训，使企业上下共同提高对流程的认识

在实施流程管理的过程中，企业高、中层管理人员是推动流程管理的骨干，广大员工则是推动流程管理的重要力量。

通过培训，使企业的管理团队与员工提高对流程设计或再造的认识，共同认识到流程的意义，认识到流程再造对企业生存和发展的作用，只有这样推动与实施流程再造，才能达到良好的效果。

此外，通过培训，可以提高员工的自觉性，使员工自觉遵守新的流程。

3. 实现流程的有效落实

企业的流程图绘制完毕、装订成册后，需要发给企业各部门，以便员工遵照执行。流程图实际上是企业的一项规章制度，它可以帮助企业建立正常的工作规则和工作秩序。

以下是流程有效落实的四种思路，具体内容如图 1-12 所示。

新员工入职流程、制度培训　　　　明确流程负责人，实行问责制

流程E化　　　　流程制度化

注：流程 E 化是指应用现有的 IT 技术，实现企业各项管理和业务流程的电子化。

图 1-12　流程有效落实的四种思路

4. 开展有针对性的流程检查

流程检查的目的是提高企业的效益，保证流程目标的最终实现。

●控制流程检查的成本投入。流程检查成本投入需要与该流程的产出价值相匹配，否则既浪费资源，又不能创造价值。企业在流程检查工作中要有成本意识，强化"投资回报"的概念。

●把握好流程检查的度。在设计流程检查方案时，需要确定流程检查的精细度、频次及抽样方法，控制检查成本。流程检查工作要抓住关键流程，抓住流程的关键环节，结合实际情况和流程的运转时间确定流程检查的频次和抽样方式。

5. 流程检查重点的选取

流程检查需要与流程实际执行情况相匹配，合理设置流程关键控制点。

●对于流程成熟度高（流程绩效表现合理且稳定）、人员工作能力较强的流程，企业可降低检查投入，也可取消相关的关键控制点。

●对于流程成熟度较低（流程绩效波动较大）的流程，企业需要加强对该流程的检查力度或新增关键控制点，以稳定流程绩效。

流程检查重点选取的矩阵分析如图 1-13 所示。

注：流程的重要程度评估请参照本章 1.3.4 所述内容。

图 1-13　流程检查重点选取的矩阵分析

6. 流程检查工作的实施程序

流程检查工作的实施程序如图 1-14 所示。

7. 流程绩效评估与改进

从本质上看，流程绩效评估是为企业战略与经营服务的，企业需要对某些关键的流程进行绩效评估，将流程绩效作为企业绩效管理的一个重要维度。

● **确定流程的绩效目标**

企业战略目标被分解为部门绩效目标与岗位绩效目标，并被包含在关键流程中，即流程被赋予绩效目标。因此，流程的绩效评估需围绕目标展开，实行目标导向的流程绩效评估。

● **流程绩效评估的维度及指标**

企业流程绩效评估的维度及指标如表 1-16 所示。

表 1-16　流程绩效评估的维度及指标

评估维度	详细说明	指标举例
效果	◎流程的产出 ◎流程的产出满足客户（包括内部客户和外部客户）需求和期望的程度	产量、产值、计划目标完成率、外部客户满意度、内部客户满意度等
效率	通过效果评估，确认资源节约与浪费的情况	处理时间、投入产出比、增值时间比、质量成本等
弹性	流程应具备调整能力，以便满足客户当前的特殊要求和未来的要求	处理客户特殊要求的时间、被拒绝的特殊要求所占的比例、特殊要求递交上级处理的比例等

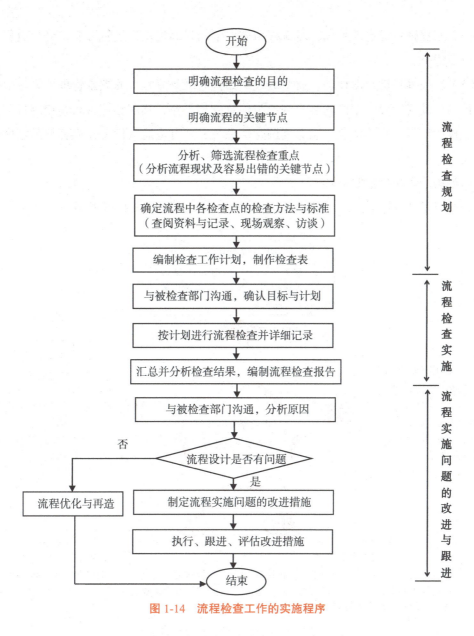

图 1-14　流程检查工作的实施程序

●流程实施绩效评估的标准及方法

流程实施绩效评估的标准及方法如下。

（1）流程绩效目标达成情况。对比流程实际绩效与流程绩效目标，找出实际绩效与流程绩效目标之间的差距，分析差距产生的原因并加以改进。

（2）内部流程绩效排名情况。企业内部可以做横向比较，这适用于不同区域的业务流程竞争、成功经验分享等。

（3）外部同类竞争对比情况。与同行业主要竞争对手的流程绩效进行对比，以了解企业在该方面的市场表现。

（4）流程绩效稳定性情况。对流程绩效评估结果的稳定性进行分析，确认流程是否处于受控状态。

（5）流程客户满意度评估。有些流程（如售后服务流程）的绩效管理需要客户与市场的评估，此时需要一个好的客户沟通与信息管理平台，其能够记录与客户的日常沟通信息、投诉信息、回访信息、满意度调查信息等，并可将这些信息作为客户满意度评估的依据。

- **流程绩效评估结果的运用**

企业流程绩效评估结果可运用于五个方面，具体内容如图 1-15 所示。

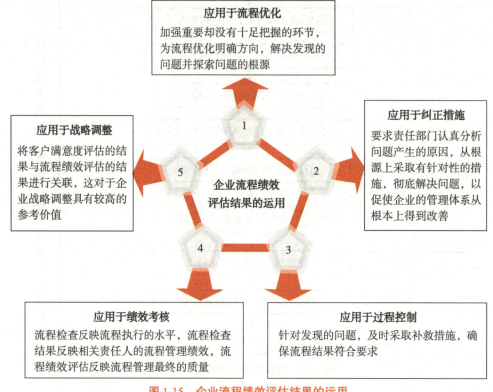

图 1-15　企业流程绩效评估结果的运用

1.4　流程执行章程设计

1.4.1　配套制度设计

制度是规范员工行为的标尺之一，是企业进行规范化、制度化管理的基础。只有不断推进规范化、制度化管理，企业才能逐步发展壮大。

1. 制度设计步骤

企业在设计流程配套制度时，要明确需要解决的问题及要达到的目的，为制度准确定位，开展内外部调研，明确制度规范化的程度并统一制度格式等。制度设计的步骤如图 1-16 所示。

图 1-16　制度设计的步骤

2. 制度设计规范及要求

要想设计一套体系完整、内容合理、行之有效的企业管理制度，制度设计人员必须遵循一定的规范及要求，相关内容如表 1-17 所示。

表 1-17　制度设计规范及要求

设计规范	具体要求	
三符合	符合企业管理者最初设想的状态	
	符合企业管理科学原理	
	符合客观事物发展规律或规则	
三规范	规范 制度制定者	◎品行好，能做到公正、客观，有较强的文字表达能力和分析能力，熟悉企业各部门的业务及具体工作方法 ◎了解国家的相关法律法规、社会公序良俗和员工习惯，了解制度的制定、修改、废止等程序及审批权限 ◎制度所依资料全面、准确，能反映企业经营活动的真实面貌
	规范 制度内容	◎合法合规，制度内容不能违反国家法律法规，要遵守公德民俗，确保制度有效、内容完善 ◎形式美观、格式统一、简明扼要、易操作、无缺漏 ◎语言简洁、条例清晰、前后一致、符合逻辑 ◎制度可操作性强，能与其他规章制度有效衔接 ◎说明制度涉及的各种文本的效力，并用书面或电子文件的形式向员工公示或向员工提供接触标准文本的机会
	规范 制度实施过程	◎明确培训及实施过程、公示及管理、定期修订等内容 ◎营造规范的执行环境，减少制度执行过程中可能遇到的阻力 ◎规范全体员工的职责、工作行为及工作程序 ◎制度的制定、执行与监督应由不同人员完成 ◎监督并记录制度执行的情况

3. 制度框架设计

制度的内容结构常采用"一般规定—具体制度—附则"的模式。一个规范、完整的制度所需具备的内容包括制度名称、总则/通则、正文/分则、附则与落款、附件这五大部分。制度设计人员应注意每一部分，使所制定的制度内容完备、合规、合法。

根据制度的内容结构，图1-17给出了常用的制度内容框架及设计规范，供读者参考。

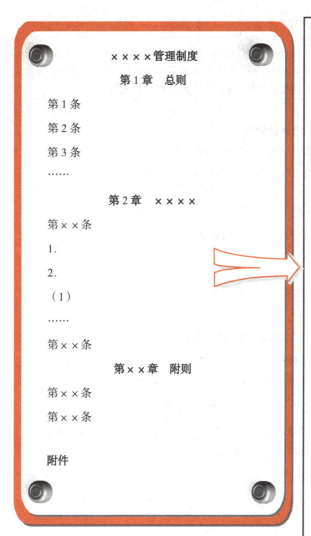

制度名称拟定

◎ 制度名称要清晰、简洁、醒目

◎ 受约单位/个人（可省略）+内容+文种

制度总则设计

◎ 制度总则的内容包括制度目的、依据的法律法规及内部制度文件、适用范围、受约对象或其行为界定、重要术语解释和职责描述等

制度正文设计

◎ 制度的主体部分包括对受约对象或具体事项的详细约束条目

◎ 正文分章、所列条目全面、合乎逻辑，语言表述清晰，没有歧义

◎ 既可以按对人员的行为要求分章分条，也可以按具体事项的流程分章分条

制度附则设计

◎ 说明制度制定、审批、实施要求与日期、修订事项等，保证制度的严肃性

◎ 包括未尽事宜解释，制定、修订、审批单位或人员，以及生效条件、日期等

制度附件设计

◎ 包括制度执行过程中需要用到的表单、附表、文件，以及相关制度和资料等

图 1-17　制度内容框架及设计规范

需要说明的是，对于针对性强、内容单一、业务操作性强的制度，正文中不用分章，可直接分条列出，但总则与附则中的有关条目不可省略。

4. 制度修订

企业在发展过程中，有些制度可能会成为制约其发展的因素，因此企业需要不断修订、完善甚至废止这些制度。总之，不断推进制度化管理伴随着企业发展的整个过程。

制度设计人员或修订人员需要根据实际情况，及时修订与企业发展不相适应的规范、规则和程序，以满足企业日常经营及长远发展的需要。配套制度修订时间的选择如表 1-18 所示。

第二章｜流程与流程管理

表 1-18 配套制度修订时间的选择

状况类别	修订时间
企业外部	◎国家或地方修订或新颁布相关法律法规，导致企业某些制度或条款不合法、有缺陷或多余等 ◎企业所处的外部环境、市场条件等发生重大变化，影响企业的日常经营活动
企业内部	◎配套的流程发生变化 ◎企业定期复审制度、调整机构、重新设置岗位等 ◎企业各部门或各岗位通过工作实践，认为已有制度存在问题
备注	在上述情况下，如果制度确实不符合企业当前的实际情况，可撤销或合并到其他制度中

制度修订就是在现存相关制度的基础上，对制度内容进行添加、删减、合并等处理，以及对制度的体系结构进行再设计。制度设计人员可根据图 1-18 所示的流程修订制度。

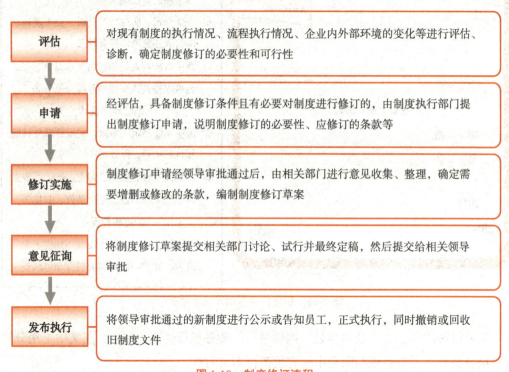

评估　对现有制度的执行情况、流程执行情况、企业内外部环境的变化等进行评估、诊断，确定制度修订的必要性和可行性

申请　经评估，具备制度修订条件且有必要对制度进行修订的，由制度执行部门提出制度修订申请，说明制度修订的必要性、应修订的条款等

修订实施　制度修订申请经领导审批通过后，由相关部门进行意见收集、整理，确定需要增删或修改的条款，编制制度修订草案

意见征询　将制度修订草案提交相关部门讨论、试行并最终定稿，然后提交给相关领导审批

发布执行　将领导审批通过的新制度进行公示或告知员工，正式执行，同时撤销或回收旧制度文件

图 1-18　制度修订流程

在制度修订的过程中，制度设计人员要注意以下几点：

- 要适应企业新的机构运行模式与流程管理的要求；
- 要发挥各制度管理部门的主动性和制度执行部门的能动性；
- 要强化各项工作的管理责任要求；
- 要强调各职能部门的管理服务标准；
- 要规范制度的编制格式，为制度的再修订和日后的统稿工作制定标准。

1.4.2 辅助方案设计

方案是指某一项工作或行动的具体计划或针对某一问题制定的规划。撰写工作方案是员工必须完成的一项任务。一份实操性强、思路清晰、富有创新性的方案，不仅有利于方案的实际操作，而且能获得上级领导的称赞。

1. 方案设计的步骤

方案设计的步骤如图 1-19 所示。

第 1 步 **确定方案目标主题**
将方案的目标主题确立在一定范围内，力求主题明晰，重点突出

第 2 步 **收集相关资料**
围绕目标主题收集相关资料

第 3 步 **调查外部环境态势**
围绕目标主题进行全面的外部环境调查，掌握第一手资料

第 4 步 **整理与分析资料**
综合调查获得的第一手资料和手中的其他资料，整理出对目标主题有用的信息

第 5 步 **提出具体的创意/措施**
根据企业的实际需要提出方案策划的创意/措施，并将其具体化

第 6 步 **选择、编制可行方案**
将符合目标主题的创意细化成具体的执行方案

第 7 步 **制定方案实施细则**
根据选定的方案，将具体的任务分配到各职能部门，分头实施，并按进度表与预算表进行监控

第 8 步 **制定检查、评估办法**
对选定的方案制定出详细可行的检查办法、评估标准及成果巩固措施

图 1-19 方案设计的步骤

2. 方案的内容结构

方案一般包括目标和目的、适用范围、现状分析、具体措施等内容，其结构如图1-20所示。

目标和目的：效益提升、成本降低、管理提升、效率提升、目标达成、问题解决等

适用范围：时间范围、人员范围、部门范围等

现状分析：企业内外部环境分析、企业面临的问题分析

具体措施：制订什么计划、采取什么措施，强调解决对策和具体建议是什么，会产生什么效果，需要哪些资源给予支持。资源支持包括财力、人力和物力的支持等

实施和管理：负责人、实施时间、实施步骤、实施成果，实施中需要注意哪些事项

考核和评估：考核和评估的主题、内容、标准、指标、步骤及结果

参考附件：本方案涉及的相关制度、表单、文书等文件

图 1-20　方案的内容结构

1.4.3　文书设计

文书是用于记录信息、交流信息和发布信息的一种工具。企业管理文书是指企业为了某种需要，按照一定的体例和要求形成的书面文字材料，包括各类文书、公文、文件等。

1. 企业管理文书分类

企业管理文书分类如表1-19所示。

表 1-19　企业管理文书分类

文书分类	具体文书种类
通用类文书	请示、批复、批示、通知、决定等，由企业统一规定编写格式与编号
合同类文书	劳动合同、业务合同等
会务类文书	企业各类会议的开幕词、闭幕词、演讲稿、会议记录、会议纪要、会议报告和会议提案等
社交类文书	介绍信、感谢信、慰问信、表扬信、祝贺信和邀请函等

文书分类	具体文书种类
法务类文书	纠纷报告书、申诉书、仲裁申请书、起诉书和答辩书等
事务类文书	计划、总结、建议、报告、倡议、简报、启事、消息、号召书、意向书、企划书、调查报告等
制度规范类文书	制度、守则、规定、办法、细则、方案、手册等
与业务工作相关的文书	各项与职能及日常事务相关的文书，如内部竞聘公告、招聘广告、营销广告等

2. 文书设计的注意事项

- 遵循企业规定的文书格式、编写要求和编号规范。
- 语言表述规范、完整、准确，避免表达残缺、出现歧义等错误。
- 语言简明精炼、言简意赅，行文流畅，主题明确。

3. 文书设计规范

我们以工作计划为例，对文书的设计规范进行说明。工作计划是对即将开展的工作的设想和安排，如提出任务指标、任务完成时间和实施方法等。工作计划既是明确工作目标、推进工作开展的有效指导，也是对工作进度和工作质量进行考核的依据之一。工作计划的内容结构如图 1-21 所示。

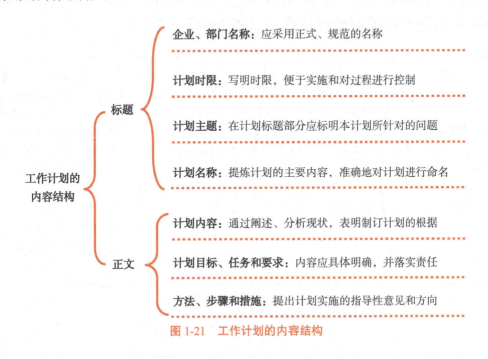

图 1-21　工作计划的内容结构

1.4.4 表单设计

1. 表单种类

表单主要分为文字表单、工具表单和数量表单三种：

- 文字表单就是将文字信息按要求整理成表单，借以说明某一概念或事项等；
- 工具表单是企业员工经常使用的一种表单；
- 数量表单用于呈现数据，以便相关人员进行统计。

2. 表单的编制要求

表单的编制要求如下：

- 表单的内容要与标题相符；
- 表单的内容应言简意赅；
- 表单的格式应简洁明了且前后连贯。

3. 设计表单

设计表单就是将表单的行、列看作一个坐标的横轴、纵轴，将需要表达的内容清晰、简洁、直观地置入坐标中予以展现。

常见的表单绘制工具有 Word、Excel 等，表单设计人员可以根据工作需要进行选择。下面以 Word 为例介绍绘制表单的步骤，具体内容如图 1-22 所示。

步骤 1 创建表单	步骤 2 输入表单内容	步骤 3 设置表单属性	步骤 4 表单形式的编辑与修饰
运用设定插入法、选择插入法、手绘法、复制法和文本转换法等创建所需的表单	在表单中输入内容时，要使用关键词，这样既能简明扼要地表达主要意思，又能实现表述工整的目的	包括选用表单的样式，设置表单的边框、底纹、列与行的属性、单元格的属性等	包括插入或删除单元格、行、列和表格，改变单元格的行高和列宽，移动、复制行和列，合并、拆分单元格，表格的拆分，表单标题行的重复、对齐和调整，表头的绘制等

图 1-22　绘制表单的步骤

1.5.1 流程诊断分析

流程优化的前提是对现有流程进行调查和研究，分析流程中存在的问题，即流程诊断。

1. 流程诊断分析工作的步骤

流程诊断分析工作的步骤如表 1-20 所示。

表 1-20　流程诊断分析工作的步骤

步骤	工作内容	采用的方法
1. 流程信息收集	◎收集信息/数据，了解企业流程执行现状 ◎找出流程建设、管理中存在的问题 ◎了解企业员工所关心的问题 ◎加强企业员工之间的沟通，让所有员工树立流程管理意识	内部调查、专家访谈、讨论会、外部客户访谈和座谈会等
2. 问题查找与分析	◎清晰地阐述需要解决的问题 ◎将大问题细分成若干小问题，这样更容易解决 ◎分析、探究问题的根源，提出解决方案	NVA/VA 分析法、5Why 分析法、鱼骨图法和逻辑树法等
3. 编制诊断报告	◎根据问题的根源，结合企业的实际情况编制诊断报告 ◎提出问题解决方案，提供创意，优化/再造流程	—

2. 流程诊断分析工作的要求

在流程诊断分析过程中，流程管理人员要重视以下要求，提高诊断工作的科学性、合理性和有效性。

- 不要拘泥于数据，要探究"我试图回答什么问题"。
- 不要在一个问题上绕圈子。
- 开阔视野，避免钻牛角尖。
- 假设也可能被推翻。
- 反复检验观点。
- 细心观察。
- 寻找突破性的观点。

3. 流程诊断分析的方法

企业常用的流程诊断分析方法有 NVA/VA 分析法、5Why 分析法等，具体内容如下。

• NVA/VA 分析法

NVA/VA 分析法是指将构成某个流程的各项工作任务分为三类，即非增值活动、增值活动和浪费。NVA/VA 分析法的说明如图 1-23 所示。

注：了解增值活动（VA）在流程的全部活动中所占的比重，找出需要改进的重点，制定切实可行的改进目标。

◆ 非增值活动（NVA）指不增加附加值，但却是实现增值不可缺少的活动，是各项增值活动的重要衔接。

◆ 增值活动指能提高产品或服务的附加值的活动。

◆ 浪费（Waste）指既不能增值，也不是必需的活动。

图 1-23　NVA/VA 分析法的说明

• 5Why 分析法

5Why 分析法是指在对某一个流程进行诊断、分析和改进时，需针对其提出以下问题并给出答案。

◆ 为什么确定这样的工作内容？

◆ 为什么在这个时间和这个地点做？

◆ 为什么由这个人来做？

◆ 为什么采用这种方式做？

◆ 为什么需要这么长时间？

流程管理人员根据以上五个问题的答案，找出企业流程在实际运行过程中存在的问题，分析问题的根源，从而制定流程优化或再造方案。

1.5.2　流程优化的注意事项

流程优化的注意事项如下：

● 优化那些不能给企业带来利润或效率、效益较差的流程，或者在日常运行中容易出现问题的流程；

● 优化那些对企业运营非常重要且急需改造的流程；

● 优化流程必须先易后难；

● 经过优化的流程必须和原有流程紧密衔接，确保流程管理的系统性和全面性；

●经过优化的流程必须具有可操作性和稳定性。

1.5.3　流程优化程序

　　企业流程优化工作应抓住重点，找出最急迫和最重要的需求点。流程优化的具体程序如图 1-24 所示。

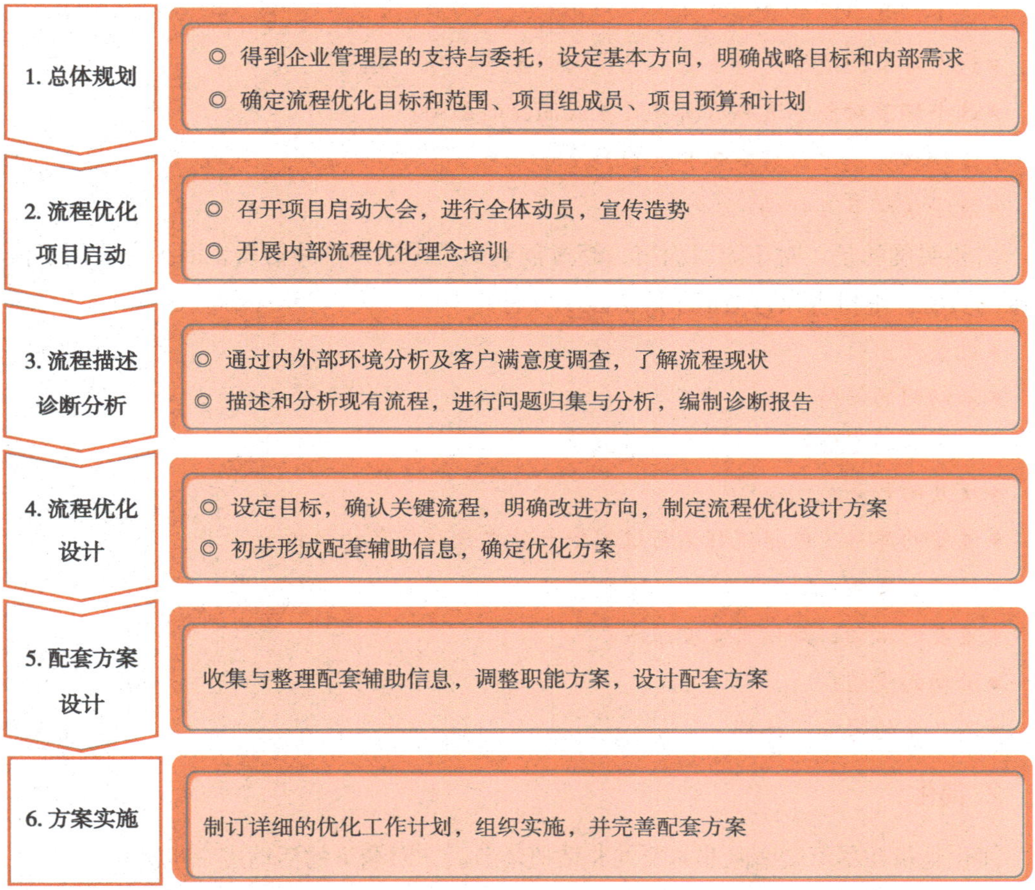

1. 总体规划	◎ 得到企业管理层的支持与委托，设定基本方向，明确战略目标和内部需求 ◎ 确定流程优化目标和范围、项目组成员、项目预算和计划
2. 流程优化项目启动	◎ 召开项目启动大会，进行全体动员，宣传造势 ◎ 开展内部流程优化理念培训
3. 流程描述诊断分析	◎ 通过内外部环境分析及客户满意度调查，了解流程现状 ◎ 描述和分析现有流程，进行问题归集与分析，编制诊断报告
4. 流程优化设计	◎ 设定目标，确认关键流程，明确改进方向，制定流程优化设计方案 ◎ 初步形成配套辅助信息，确定优化方案
5. 配套方案设计	收集与整理配套辅助信息，调整职能方案，设计配套方案
6. 方案实施	制订详细的优化工作计划，组织实施，并完善配套方案

图 1-24　流程优化的具体程序

　　总体来说，流程优化工作包括以下三步：

●现在何处——流程现状分析；

●应在何处——流程优化目标；

●如何到达该处——流程优化方法和途径。

1.5.4　流程优化 ESIA 法

　　企业流程优化可以从清除（Eliminate）、简化（Simplify）、整合（Integrate）和自动化（Automate）四个方面入手，该方法简称为"ESIA法"，它可以帮助企业减少流程中的非增值活动和调整流程中的核心增值活动。

1. 清除

清除主要指对企业现有流程内的非增值活动予以清除。

企业可通过以下问题判断某一活动环节是属于增值还是非增值。

- 这个环节存在的意义是什么？
- 这个环节的成果是整个流程完成的必要条件吗？
- 这个环节对整个流程有哪些直接或间接的影响？
- 清除该环节可以解决哪些问题？
- 清除该环节可行吗？

需要明确的是，对于流程而言，超过需要的产出就是一种浪费，因为它占用了流程有限的资源。浪费现象包括但不限于以下几种：

- 过量产出；
- 活动间的等待；
- 不必要的运输；
- 反复的作业；
- 过量的库存（包括流程运行过程中大量文件和信息的淤积）；
- 缺陷、失误；
- 重复的活动，如信息重复录入；
- 活动的重组；
- 不必要的跨部门协调。

2. 简化

简化是指在尽可能清除非必要的非增值环节后，对剩下的活动进一步简化。

简化的方法包括但不限于以下几种。

- 简化表单：消除表单设计上的重复内容，借助相关技术，梳理表单的流转，从而减少工作量和一些不必要的活动环节。
- 简化流程步骤/环节：运用IT技术，提高员工处理信息的能力，简化流程步骤，整合工作内容，提高流程结构效率。
- 简化沟通。
- 简化物流：如调整任务顺序或增加信息的提供。

3. 整合

整合，即对分解的流程进行整合，以使流程顺畅、连贯，更好地满足客户的需求。

● 活动整合：将活动进行整合，授权一个人完成一系列简单活动，减少活动转交过程中的出错率，缩短工作处理时间。

● 团队整合：合并专家组成团队，形成"个案团队"或"责任团队"，缩短物料、信息和文件传递的距离，改善在同一流程中工作的人与人之间的沟通。

● 供应商（流程的上游）整合：减少企业和供应商之间的一些不必要的业务手续，建立信任和伙伴关系，整合双方流程。

● 客户（流程的下游）整合：面向客户，与客户建立良好的合作关系，整合企业和客户的各种关系。

4. 自动化

● 简单、重复与乏味的工作自动化。

● 数据的采集与传输自动化。减少反复采集数据，并缩短单次采集时间。

● 数据分析自动化。通过分析软件，对数据进行收集、整理与分析，提高信息利用率。

1.6 流程再造

1.6.1 流程再造的核心

企业流程再造也叫作"企业再造"，或简称为"再造"。它是 20 世纪 90 年代初期兴起的一种新的管理理念和管理方法，被誉为继科学管理和全面质量管理之后的"第三次管理革命"。

企业再造概念的创始者迈克尔·哈默（Michael Hammer）和詹姆斯·钱皮（James Champy）在《企业再造——商业革命宣言》（*Reengineering the Corporation: A Manifesto for Business Revolution*）一书中指出，"再造就是对企业的流程、组织结构、文化进行彻底的、急剧的重塑，以达到绩效的飞跃"。

流程再造的核心，不是单纯地对企业的管理与业务流程进行再造，而是将以职能为核心的传统企业改造成以流程为核心的新型企业，这也就是我们所说的企业再造。通过不断地变革与创新（从广义上讲，这里不仅包括流程再造，还包括企业组织的再造和变革），使原来趋向衰落的企业重新焕发生机，并且永远充满朝气和活力。

1.6.2　流程再造的基础

当前，市场竞争越来越激烈，企业要想在激烈的市场竞争中求得生存和发展，且立于不败之地，就必须全面、彻底地了解客户的需求，最大限度地满足客户的需求，并且不断适应外部市场环境的变化。企业进行流程设计与流程再造的目的是使内部管理流程规范化，并对其不断加以改造，只有这样企业才能适应不断变化的市场形势。

通常情况下，现代企业所面临的外部挑战主要来自客户（Customer）、变化（Change）、竞争（Competition）三个方面。由于这三个英文单词的首字母都是 C，所以外部挑战又称为"3C 挑战"。企业在进行流程设计与流程再造时，切记要把握好"3C"。只有这样，企业所设计或再造的流程才能够适应自身的发展和市场的变化，满足客户的需求。

以上是企业进行流程设计或流程再造时的外部条件。

就企业内部而言，企业中长期发展战略规划是流程设计与流程再造的基础条件。因此，企业应先制定发展战略，再着手开展流程设计与流程再造工作。

1.6.3　流程再造的程序

企业流程再造的一般程序如表 1-21 所示。

表 1-21　企业流程再造的一般程序

一般程序	具体事项
1. 设定基本方向	（1）得到高层管理者的支持 （2）明确战略目标，确定流程再造的基本方针 （3）分析流程再造的可行性 （4）设定流程再造的出发点
2. 项目准备与启动	（1）成立流程再造小组 （2）设立具体工作目标 （3）宣传流程再造工作 （4）设计与落实相关的培训
3. 流程问题诊断	（1）进行现状分析，包括内外部环境分析、现行流程状态分析等 （2）发现问题
4. 确定再造方案，重设流程	（1）明确流程方案设计与工作重点 （2）确认工作计划目标、时间以及预算计划等 （3）分解责任、任务 （4）明确监督与考核办法 （5）制定具体行动策略

一般程序	具体事项
5. 实施流程再造方案	（1）成立实施小组 （2）对参加人员进行培训 （3）发动全员配合 （4）新流程试验性启动、检验 （5）全面开展新流程
6. 流程监测与改善	（1）观察流程运作状况 （2）与预定再造目标进行比较分析 （3）对不足之处进行修正和改善

企业流程评估及流程再造的操作要点如下。

1. 流程评估的操作要点

- 确定企业与上下游互动关系的流程。
- 定义企业核心流程绩效评估的指标。
- 分析企业现有流程运作模式的优势和劣势。
- 确认企业流程现有运作模式。
- 确认企业流程的客户价值点。
- 确认企业流程与组织的关系。
- 确认企业流程的资源及成本。
- 分析决定企业流程再造的优先级别。

2. 流程再造的操作要点

- 了解现有流程及其目标、范围。
- 对比现有流程结构的优势和劣势。
- 分析流程各活动环节的责任归属。
- 确认与流程相匹配的绩效指标。
- 分析流程的瓶颈及再造切入点。
- 确定是否对流程控制点重新设计。
- 确认经重新设计的新流程系统。
- 建立评估体系，对新流程进行监测。

1.6.4 流程再造的技巧

图 1-25 提供了一些流程再造的技巧，供读者参考。

第一章 流程与流程管理

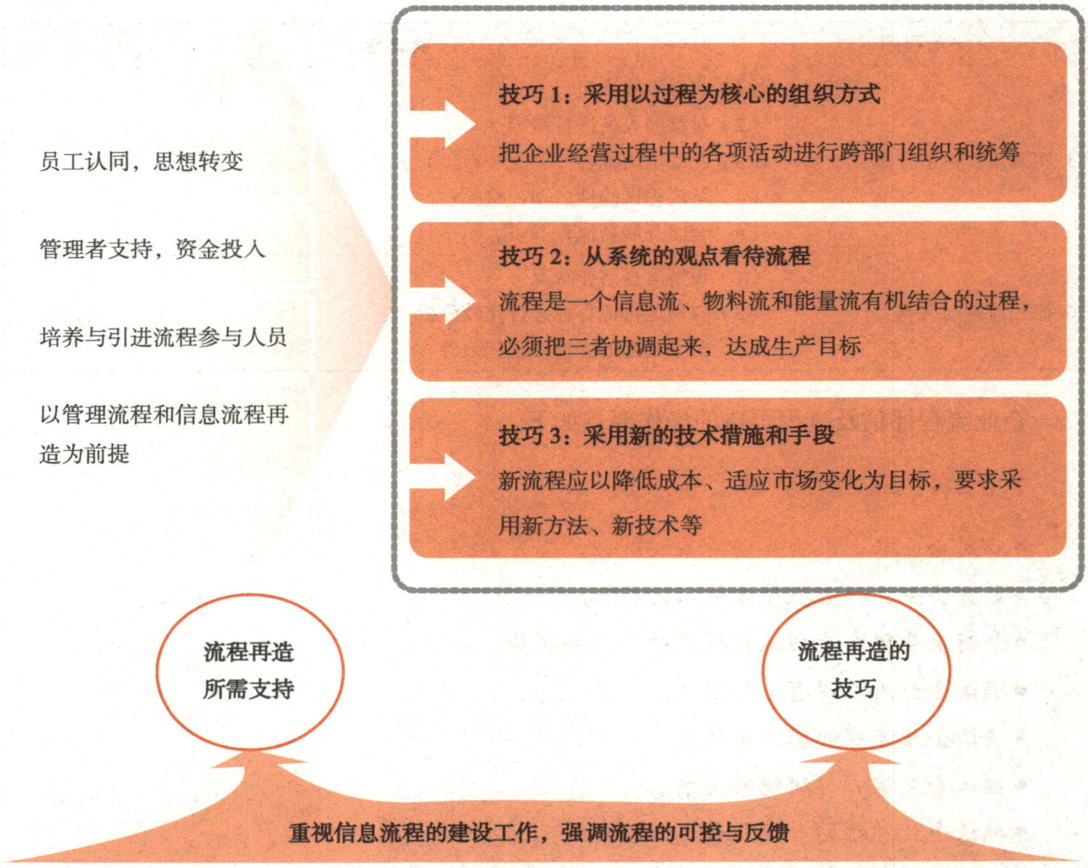

员工认同，思想转变

管理者支持，资金投入

培养与引进流程参与人员

以管理流程和信息流程再造为前提

技巧1：采用以过程为核心的组织方式
把企业经营过程中的各项活动进行跨部门组织和统筹

技巧2：从系统的观点看待流程
流程是一个信息流、物料流和能量流有机结合的过程，必须把三者协调起来，达成生产目标

技巧3：采用新的技术措施和手段
新流程应以降低成本、适应市场变化为目标，要求采用新方法、新技术等

流程再造所需支持

流程再造的技巧

重视信息流程的建设工作，强调流程的可控与反馈

图1-25 流程再造的技巧

电商运营管理 流程设计与工作标准

2.1　电商市场定位与竞争分析管理流程

2.1.1　流程设计目的

对电商市场定位与竞争分析实施流程管理的目的如下。

（1）确保市场定位与竞争分析各项工作的全过程可控，规范市场定位与竞争分析的操作流程，使各项分析工作功能最大化。

（2）强化店铺对顾客的吸引力，提升店铺竞争力；通过竞争对手分析，了解市场竞争策略，对环境及策略变化及时做出响应。

2.1.2　流程结构设计

市场定位与竞争分析管理将市场竞争与定位分析细分为 5 个事项，分别就每个事项设计流程，具体的结构设计如图 2-1 所示。

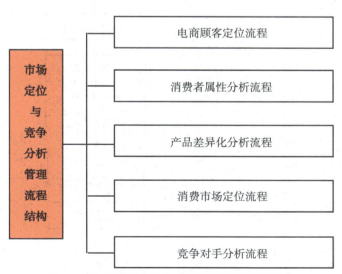

图 2-1　市场定位与竞争分析管理流程结构设计

2.2 电商顾客定位流程设计与工作执行

2.2.1 电商顾客定位流程设计

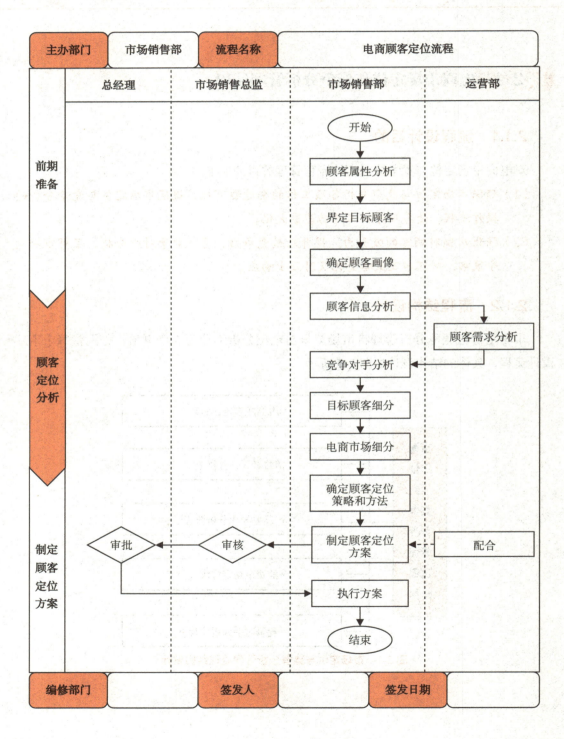

电商运营管理 流程设计与工作标准

2.2.2 电商顾客定位执行程序、工作标准、考核指标、执行规范

任务名称	执行程序、工作标准与考核指标
前期准备	**执行程序** **1. 顾客属性分析** 市场销售部根据电商运营策略确定顾客选取标准，对顾客属性进行分析 **2. 界定目标顾客** 市场销售部根据顾客属性分析结果及店铺定位，对顾客进行初步界定，缩小顾客定位范围 **3. 确定顾客画像** 市场销售部根据顾客的属性和行为，结合产品对顾客进行画像，明确目标顾客 **工作重点** 顾客属性分析需全面细致，对顾客划分和画像具有指导作用 **工作标准** 参照标准：竞争对手的顾客定位标准 **考核指标** 顾客属性分析工作需要在____个工作日内完成
顾客定位分析	**执行程序** **1. 顾客信息分析** 市场销售部对顾客信息，如性别、年龄、地域、行业信息、常购物品等进行分析，了解顾客的消费习惯和消费行为 **2. 目标顾客细分** 市场销售部根据顾客信息分析结果对顾客进行细分，并针对不同层次的顾客特点，采取不同的服务策略 **3. 电商市场细分** 市场销售部根据目标顾客细分层次，对电商市场进行细分，使产品更符合不同层次顾客的需求 **工作重点** 市场销售部应结合店铺定位和顾客属性进行顾客和市场细分，使顾客与店铺定位相匹配 **工作标准** ☆目的标准：通过顾客和市场细分，增强顾客与店铺市场定位的匹配度，加强店铺对顾客的吸引力，进一步提高顾客黏性 ☆依据标准：市场销售部应依据地理环境因素、区域经济因素、顾客偏好因素等对顾客和市场进行细分
制定顾客定位方案	**执行程序** **1. 确定顾客定位策略和方法** 市场销售部根据顾客属性和运营实际情况，确定顾客定位策略和方法，并根据定位策略和方法对顾客进行精准营销和服务 **2. 制定顾客定位方案** 市场销售部制定顾客定位方案，方案内容包括顾客属性介绍、顾客细分、顾客信息统计分析、顾客服务策略及人员安排等。顾客定位方案须提交市场销售总监审核、总经理审批。

任务名称	执行程序、工作标准与考核指标
制定顾客定位方案	**执行程序**
	工作重点 　顾客定位方案应根据市场变化及时进行调整
	工作标准
	质量标准：顾客定位方案合理可行，便于为后续工作提供依据
	考核指标
	顾客成交率：用以衡量顾客定位工作的成效 $$顾客成交率 = \frac{顾客定位下购买成交的流量数}{顾客定位下的流量总数} \times 100\%$$
执行规范	
"顾客分析报告""顾客定位方案"	

电商运营管理 流程设计与工作标准

2.3.1　消费者属性分析流程设计

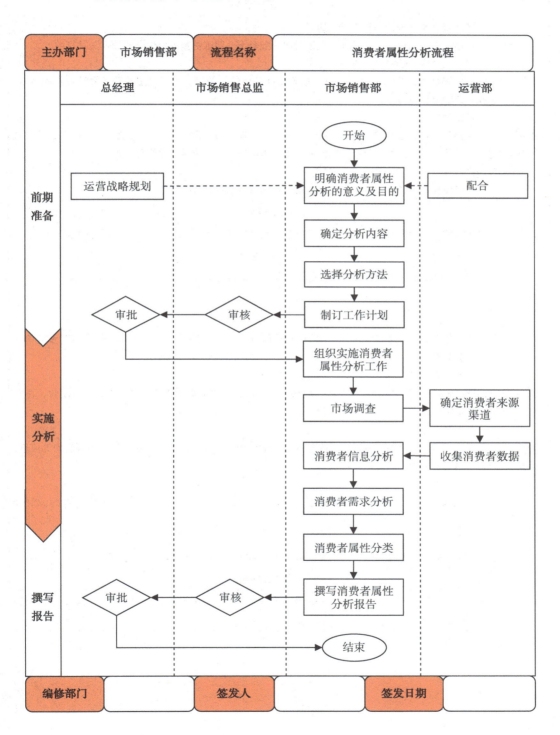

2.3.2 消费者属性分析执行程序、工作标准、考核指标、执行规范

任务名称	执行程序、工作标准与考核指标
前期准备	**执行程序** **1. 明确消费者属性分析的意义及目的** 　市场销售部根据运营战略规划，在运营部的配合下，明确消费者属性分析的意义及目的 **2. 确定分析内容，选择分析方法** 　市场销售部根据运营需要，针对消费者属性分析的目的和要求，确定消费者属性分析的内容，选择合适的分析方法 **3. 制订工作计划** 　市场销售部制订消费者属性分析工作计划，内容包括分析项目、分析方法、参与人员、分工及时间安排等。消费者属性分析工作计划须提交市场销售总监审核、总经理审批 **工作重点** 　消费者属性分析的内容须全面具体，对分析消费者信息具有指导作用 **工作标准** 　参照标准：消费者属性分析的内容可以参照消费者的需求、特征、行为和习惯等因素确定 **考核指标** 　消费者属性分析工作计划需要在____个工作日内制订完成
实施分析	**执行程序** **1. 市场调查** 　市场销售部根据运营战略要求，对市场进行调查，了解市场上消费者的基本信息情况及竞争对手的相关信息 **2. 确定消费者来源渠道** 　消费者来源渠道主要有自然搜索、活动推广等，运营部负责对消费者来源渠道进行定位，确定消费者来源渠道 **3. 收集消费者数据** 　运营部收集消费者数据并进行分类整理，了解消费者的地域信息、年龄结构、经济实力等信息，为后续消费者属性分析提供参考依据 **4. 消费者需求分析** 　市场销售部根据调查分析结果和运营情况，对消费者属性进行分析，了解消费者的偏好和需求 **工作重点** 　市场调查应将企业运营战略与市场环境、政策相结合，并根据市场变化进行调查更新 **工作标准** 　依据标准：市场调查一般可从经济政策、竞争对手产品、价格、消费者需求、消费者来源渠道等方面进行考虑

任务名称	执行程序、工作标准与考核指标
撰写报告	**执行程序** **1.消费者属性分类** 　市场销售部根据调查和分析获取的信息，将消费者属性按照一定的方法和标准进行分类 **2.撰写消费者属性分析报告** 　市场销售部将调查资料和消费者属性分析资料进行整理，形成消费者属性分析报告，经市场销售总监审核、总经理审批通过后进行存档，为后续工作提供依据 **工作重点** 　消费者属性分析报告应根据市场变化定期更新，为运营提供最新的数据信息
	工作标准 　目的标准：通过消费者属性分析，加强对消费者的了解，增强与消费者的匹配度，进一步提升企业竞争力
	考核指标 消费者属性分析报告需要在____个工作日内撰写完成
	执行规范
“消费者属性分析工作计划”“竞争对手分析报告”“市场调查工作规范”“消费者属性分析报告”	

第2章｜电商市场定位与竞争分析

2.4 产品差异化分析流程设计与工作执行

2.4.1 产品差异化分析流程设计

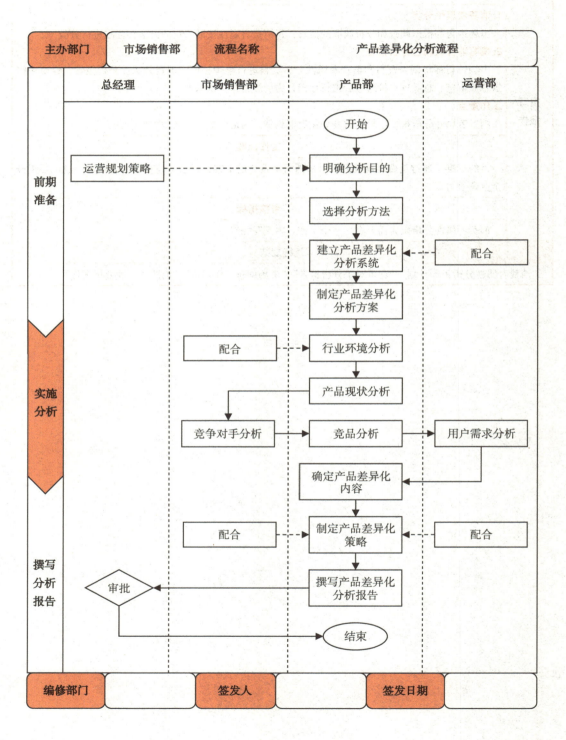

主办部门	市场销售部	流程名称	产品差异化分析流程

2.4.2　产品差异化分析执行程序、工作标准、考核指标、执行规范

任务名称	执行程序、工作标准与考核指标
前期准备	**执行程序** **1.明确分析目的，选择分析方法** 　产品部根据运营规划策略，明确进行产品差异化分析的目的，并根据产品情况选择合适的分析方法 **2.建立产品差异化分析系统** 　产品部结合产品情况，在运营部的帮助下，建立产品差异化分析系统，为产品差异化分析提供科学可行的分析工具 **3.制定产品差异化分析方案** 　产品部制定产品差异化分析方案，内容包括分析背景、市场调查、分析方法、分析项目、人员分工等 **工作重点** 　产品差异化分析系统的建立需要与运营实际情况相结合 **工作标准** 　依据标准：产品部在建立差异化分析系统时，可从本产品和竞品的价格定位、技术差异、功能和品牌等方面进行考虑
实施分析	**执行程序** **1.行业环境分析** 　产品部在市场销售部的配合下对行业环境进行分析，了解产品的行业信息和政策等内容 **2.产品现状分析** 　产品部根据行业环境分析信息对产品现状进行分析，找到产品的核心竞争力和产品劣势等信息 **3.竞争对手分析** ☆市场销售部对竞争对手进行分析，了解竞争对手的优劣势及产品策略等 ☆产品部对竞品进行分析，从而确认自身产品的竞争优势和差异化内容 **工作重点** 　行业环境分析和竞争对手分析应与产品运营需要相结合，并根据市场和环境变化进行更新与调整 **工作标准** 　质量标准：行业环境分析和竞争对手分析工作切实可行，对产品差异化分析具有指导作用 **考核指标** 　分析结果的可信度：用于衡量分析工作的成效 $$分析结果的可信度 = \frac{分析结果中无错误和漏洞的次数}{分析总次数} \times 100\%$$

任务名称	执行程序、工作标准与考核指标
撰写分析报告	**执行程序** **1.确定产品差异化内容** 　产品部根据各项分析信息，结合用户需求信息，确定产品差异化的具体内容 **2.制定产品差异化策略** 　产品部将调查资料和消费者属性分析资料进行整理，制定产品差异化策略，市场销售部要配合产品部做好此项工作 **3.撰写产品差异化分析报告** 　产品部根据产品差异化策略撰写产品差异化分析报告，并提交总经理审批，为后续工作提供依据 **工作重点** 　产品差异化策略应从产品运营实际出发，对提升产品竞争力具有建设性作用
	工作标准 ☆依据标准：产品差异化的内容可以依据产品价格定位、产品技术、产品功能、品牌文化等方面确定 ☆方法标准：企业可采用科学的方法策略实现产品差异化，一般有促销策略、服务策略、地理策略、R&D策略等
	考核指标 　产品差异化分析报告需要在＿＿＿个工作日内撰写完成
执行规范	
"市场调查工作规范""产品差异化分析报告"	

2.5 消费市场定位流程设计与工作执行

2.5.1 消费市场定位流程设计

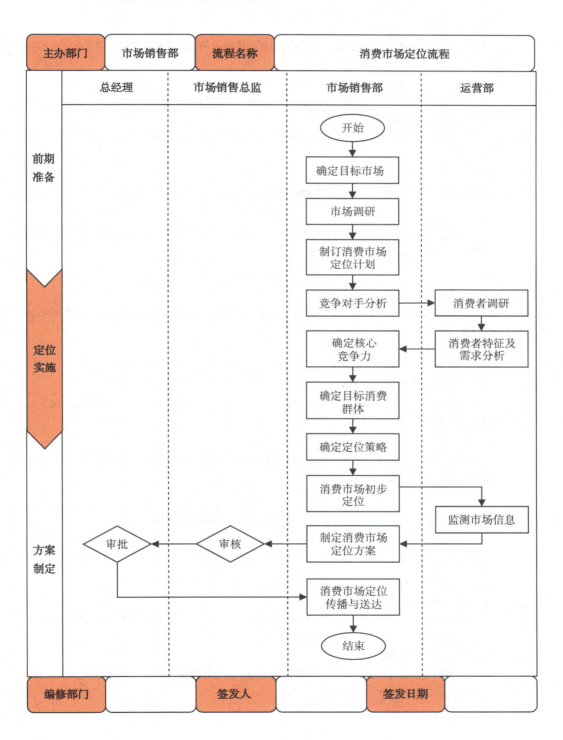

主办部门	市场销售部	流程名称	消费市场定位流程

	总经理	市场销售总监	市场销售部	运营部
前期准备			开始	
			确定目标市场	
			市场调研	
			制订消费市场定位计划	
定位实施			竞争对手分析 →	消费者调研
			确定核心竞争力 ←	消费者特征及需求分析
			确定目标消费群体	
			确定定位策略	
			消费市场初步定位	
				监测市场信息
方案制定	审批 ←	审核 ←	制定消费市场定位方案	
			消费市场定位传播与送达	
			结束	

编修部门		签发人		签发日期	

第2章 电商市场定位与竞争分析

2.5.2　消费市场定位执行程序、工作标准、考核指标、执行规范

任务 名称	执行程序、工作标准与考核指标
前期 准备	**执行程序** **1. 确定目标市场** 　市场销售部根据运营规划策略，明确进行消费市场定位的目的，并根据产品情况选择合适的定位方法 **2. 市场调研** 　市场销售部结合产品情况开展市场调研，为消费市场定位提供科学准确的依据 **3. 制订消费市场定位计划** 　市场销售部制订消费市场定位计划，包括定位背景、市场调查、定位方法、定位项目、人员分工等内容 **工作重点** 　消费市场定位计划应与电商运营的实际情况相结合 **工作标准** **依据标准**：市场销售部在制订消费市场定位计划时，一般可从本企业产品和竞品的价格定位、技术差异、功能和品牌等方面进行考虑
定位 实施	**执行程序** **1. 竞争对手分析** 　市场销售部在运营部的配合下对行业环境和竞争对手进行分析，了解行业信息、竞争对手信息和相关政策等内容 **2. 确定核心竞争力** 　市场销售部根据竞争对手分析确定自身的核心竞争力，作为市场定位的基础 **3. 确定目标消费群体** 　市场销售部确定目标消费群体，分析目标消费群体的消费习惯、消费心理、消费偏好等，为消费市场定位提供依据 **工作重点** 　为准确定位消费市场，在确定消费目标群体时，市场销售部还需要根据目标消费群体的消费因素对其做进一步的细分 **工作标准** **质量标准**：核心竞争力分析科学全面，对消费市场定位具有建设性作用
方案 制定	**执行程序** **1. 确定定位策略** 　市场销售部根据自身竞争优势，结合期望收益和竞争策略，确定消费市场定位策略 **2. 制定消费市场定位方案** 　市场销售部根据分析和调查结果及消费市场定位策略，制定符合消费市场特征和需求的定位方案，并呈报市场销售总监审核、总经理审批 **3. 消费市场定位传播与送达** 　确定消费市场定位后，市场销售部采取营销策略，通过各种途径将消费市场定位信息传达给大众，强化企业定位在大众心中的印象

电商运营管理 流程设计与工作标准

任务名称	执行程序、工作标准与考核指标
方案制定	**执行程序**
	工作重点 　　消费市场会随着经济社会的发展而变化，因此企业应该对未来市场情况有一个合理的预估，对消费市场定位策略和方案有合理的预期和更新
	工作标准
	目的标准：通过消费市场定位的传送，加强消费者对企业定位的印象，保持目标消费群体的品牌忠诚度
	考核指标
	☆消费市场定位方案需要在＿＿＿个工作日内制定完成 ☆消费市场定位有效传播率：用以检验消费市场定位方案的成效 　　$消费市场定位有效传播率 = \dfrac{有效传播的次数}{传播总次数} \times 100\%$
执行规范	
"竞品分析报告""市场调研分析报告""消费市场定位方案"	

第2章 电商市场定位与竞争分析

2.6 竞争对手分析流程设计与工作执行

2.6.1 竞争对手分析流程设计

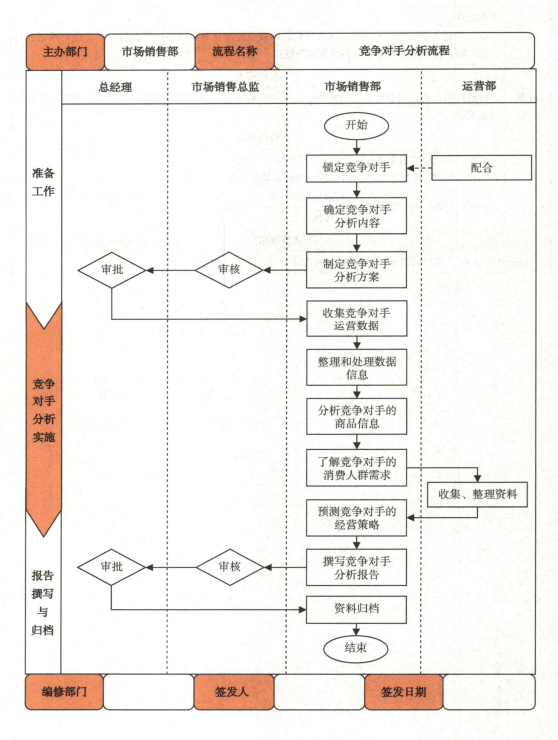

电商运营管理 流程设计与工作标准

2.6.2　竞争对手分析执行程序、工作标准、考核指标、执行规范

任务名称	执行程序、工作标准与考核指标
准备工作	**执行程序** **1.锁定竞争对手** 市场销售部结合运营情况和产品类目，锁定竞争对手 **2.确定竞争对手分析内容** 市场销售部根据竞争对手信息，确定竞争对手分析的具体内容，包括竞争对手的产品结构、价格、类目分布情况等 **3.制定竞争对手分析方案** 市场销售部制定竞争对手分析方案，包括竞争对手调查、竞争对手分析策略、分工安排等内容 **工作重点** 竞争对手分析需要结合店铺实际情况进行 **工作标准** 方法标准：市场销售部应采用科学合理的分析方法进行竞争对手分析，如标杆分析法、4P 分析法（产品、价格、渠道、促销）、SWOT 分析法
竞争对手分析实施	**执行程序** **1.收集竞争对手运营数据** 市场销售部利用生意参谋、阿里指数、生意经等平台获取竞争对手运营数据信息 **2.了解竞争对手的消费人群需求** ☆对竞争对手的商品页面进行分析，了解竞争对手的商品信息、详情页和买家评论，对比分析，找到自身店铺可以创新的地方 ☆通过汇总整理竞争对手买家评论，分析买家不满意的地方，了解店铺类似消费人群的需求，改进店铺及产品 **3.预测竞争对手的经营策略** 市场销售部根据收集到的竞争对手的相关信息，结合竞争对手的运营数据，预测竞争对手的经营策略，及其对其他产品营销策略和经营策略的反应 **工作重点** 了解竞争对手消费人群需求时，应注意分析买家不满意的地方，用于改善自身产品 **工作标准** 效率标准：收集竞争对手运营数据需要在____个工作日内完成 目的标准：通过收集分析竞争对手信息，了解相似消费人群的需求，预测竞争对手的运营策略，制定相应的应对策略，提升店铺竞争力
报告撰写与归档	**执行程序** **1.撰写竞争对手分析报告** 市场销售部以收集的资料为依据，在对竞争对手各项信息进行分析的基础上，针对分析的过程及结果撰写竞争对手分析报告，提交市场销售总监审核、总经理审批 **2.资料归档** 市场销售部将通过审批的竞争对手分析报告和其他相关资料进行存档，为店铺运营分析工作提供依据

第 2 章　电商市场定位与竞争分析

任务 名称	执行程序、工作标准与考核指标
报告 撰写 与 归档	**执行程序**
	工作重点 竞争对手分析报告内容详细，并按规定程序进行归档，方便后续的查找和使用
	工作标准
	质量标准：报告内容全面合理，建设性强
	考核指标
	☆竞争对手分析报告一次性通过率：目标值为 100% $$竞争对手分析报告一次性通过率 = \frac{报告一次性通过的次数}{报告提交总次数} \times 100\%$$ ☆竞争对手分析报告撰写完成的时间：应在____个工作日内撰写完成
	执行规范
	"竞争对手调查工作规范""竞争对手分析报告"

3.1 电商平台选择与管理流程设计

3.1.1 流程设计目的

企业设计电商平台选择与管理流程的目的如下：

（1）电商平台的选择与管理直接关系到企业产品的销售情况，选择一个适合企业的电商平台，更有利于企业的发展，是提高企业销售利润的重要条件；

（2）提高电商平台的选择与管理水平，进一步促进产品的销售，保证销售目标的达成；

（3）对电商平台的敏锐直觉有助于企业更好地抓住机遇，推动经营业绩的不断增长。

3.1.2 流程结构设计

电商平台选择与管理流程设计可采取并列式结构，即将电商平台选择与管理细分为5个事项，分别就每个事项设计流程，具体的结构设计如图 3-1 所示。

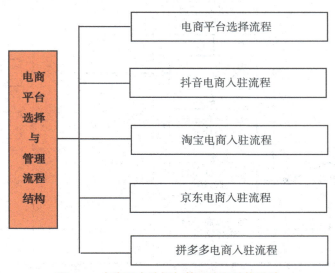

图 3-1 电商平台选择与管理流程结构设计

3.2 电商平台选择流程设计与工作执行

3.2.1 电商平台选择流程设计

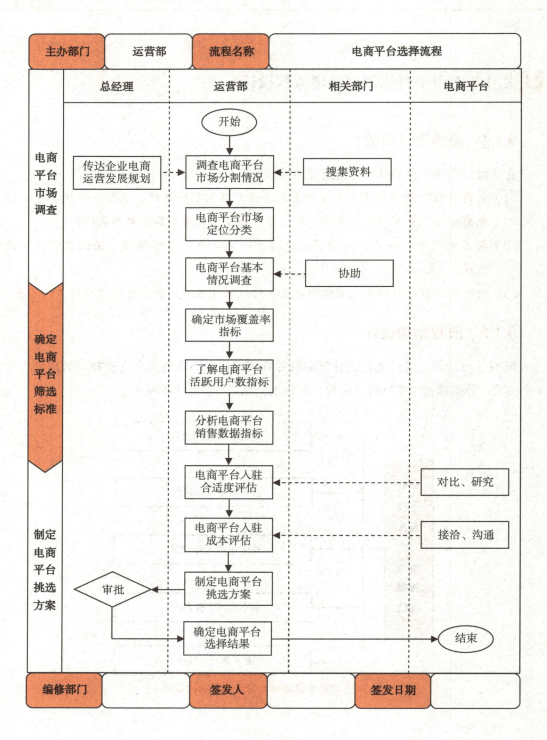

3.2.2　电商平台选择执行程序、工作标准、考核指标、执行规范

任务名称	执行程序、工作标准与考核指标
电商平台市场调查	**执行程序** **1.调查电商平台市场分割情况** ☆总经理传达企业电商运营发展规划，下达电商平台挑选任务 ☆运营部对电商平台的市场分割情况进行调查，了解电商平台市场现状 **2.电商平台市场定位分类** 　运营部对市场上的主流电商平台信息进行汇总整理，确定其市场定位和分类 **工作重点** 　运营部调查电商平台市场分割情况时，要分别整理区域性和全国性的调查结果 **工作标准** 　内容标准：电商平台市场定位分类调查的内容应包括各大平台 B2B、B2C、C2C 和 O2O 业务的占比
确定电商平台筛选标准	**执行程序** **1.确定市场覆盖率指标** 　运营部对各大电商平台的市场覆盖率进行调查，确定各大平台的强势区域 **2.了解电商平台活跃用户数指标** 　运营部对各大电商平台的日活、月活数据进行调查，了解各大平台的活跃用户指标 **3.分析电商平台销售数据指标** 　运营部收集各大电商平台的月、季度和年度销售数据，分析各大平台的销售能力和数据 **工作重点** 　市场覆盖率、活跃用户数、销售数据是判断电商平台综合实力的重要因素，运营部要严格核对数据和结果的准确性 **工作标准** 　质量标准：各个指标和数据正确无误、科学合理 **考核指标** 　数据和指标的正确率：目标值为 100%，用于衡量数据和指标的准确性，其直接影响对各大电商平台的评估结果 $$数据和指标的正确率 = \frac{正确的数据和指标项目数}{调查数据和指标项目总数} \times 100\%$$
制定电商平台挑选方案	**执行程序** **1.电商平台入驻合适度与入驻成本评估** ☆运营部根据对各大电商平台的调查结果，结合企业自身情况，评估电商平台入驻合适度 ☆运营部评估企业入驻各大电商平台的成本支出 **2.制定电商平台挑选方案** 　运营部根据对各大电商平台的调查和评估结果，制定电商平台挑选方案，提交总经理审批 **3.确定电商平台选择结果** 　电商平台挑选方案审批通过，运营部根据领导的批示意见确定电商平台选择结果

任务名称	执行程序、工作标准与考核指标
制定电商平台挑选方案	**执行程序**
	工作重点 　　电商平台的成熟度不同，其业务和运营规范性也不同，例如，一个"年轻"的平台更利于企业占据优势地位，竞争压力也更小，但平台的流量和体量会相对不足，因此运营部要根据企业的实际情况选择电商平台
	工作标准 ☆质量标准：电商平台入驻成本评估数据准确、过程严谨、结论清晰 ☆考核标准：运营部综合比对各大电商平台的优劣势，结合其发展潜力和竞争趋势挑选电商平台
	考核指标 　　电商平台挑选方案编制的及时性：运营部应在完成入驻评估后＿＿＿天内编制电商平台挑选方案并提交审批
	执行规范
	"企业电商运营发展规划""电商平台市场分割报告""电商平台入住评估报告""电商平台挑选方案"

3.3.1 抖音电商入驻流程设计

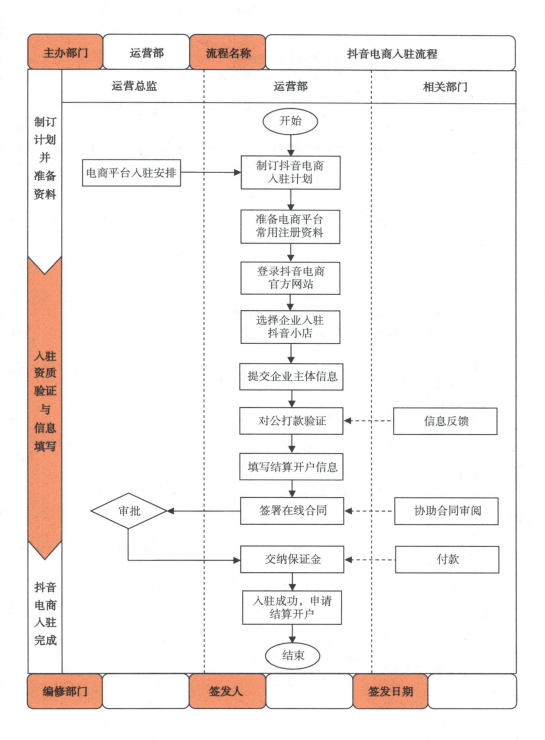

3.3.2　抖音电商入驻执行程序、工作标准、考核指标、执行规范

任务名称	执行程序、工作标准与考核指标
制订计划并准备资料	**执行程序** **1.制订抖音电商入驻计划** ☆运营总监下达管理层制定的企业电商平台入驻安排 ☆运营部根据电商平台入驻安排制订抖音电商入驻计划 **2.准备电商平台常用注册资料** 　运营部根据电商平台的注册要求准备常用的注册证明资料和相关文件电子档 **工作重点** 　运营部要严格按照电商平台入驻安排制订对应的平台入驻计划，不得影响企业电商运营发展计划 **工作标准** 　内容标准：抖音电商入驻计划包含入驻时间、入驻形式、产品销售类目、管理运营团队介绍等内容
入驻资质验证与信息填写	**执行程序** **1.选择企业入驻抖音小店** ☆运营部登录抖音电商官方网站，选择以企业入驻的形式注册抖音小店 ☆运营部根据注册提示，按要求填写企业入驻基本信息 **2.对公打款验证** ☆运营部填写企业对公银行账户信息 ☆企业入驻主体信息提交认证成功后，进行对公打款验证 **3.签署在线合同** ☆运营部填写收益费用结算账户信息 ☆店铺审核通过，运营部审阅抖音方提供的在线合同，提交运营总监审批，审批通过后签署正式在线合同 **工作重点** 　企业相关证照和自身基本信息要准备齐全，避免因为证照问题拖延注册工作进度 **工作标准** ☆内容标准：企业入驻填写的基本信息包括用户名称、企业名称、营业执照注册号、认证信息、运营人姓名及联系方式等 ☆依据标准：结算账户信息要根据领导和财务部的统一意见进行填写 **考核指标** 　入驻工作完成及时率：该指标是对运营部抖音电商入驻工作准备情况和执行情况的直接考核 $$入驻工作完成及时率 = \frac{期限内完成的工作项数}{入驻工作总项数} \times 100\%$$

任务名称	执行程序、工作标准与考核指标
抖音电商入驻完成	**执行程序** **1. 交纳保证金** ☆在线合同签署完成，运营部按照平台要求申请保证金 ☆财务部审查手续并支付保证金 **2. 入驻成功，申请结算开户** 抖音小店入驻成功，运营部申请结算开户，审核通过后正式开始抖音电商运营 **工作重点** 运营部要注意确认抖音 [资产]–[银行账户管理] 部分的结算账户状态 **工作标准** 质量标准：抖音电商入驻工作完成及时、信息填写准确、圆满完成入驻计划
执行规范	
"抖音电商入驻计划""电商平台入驻管理规定"	

第3章　电商平台选择与管理

3.4 淘宝电商入驻流程设计与工作执行

3.4.1 淘宝电商入驻流程设计

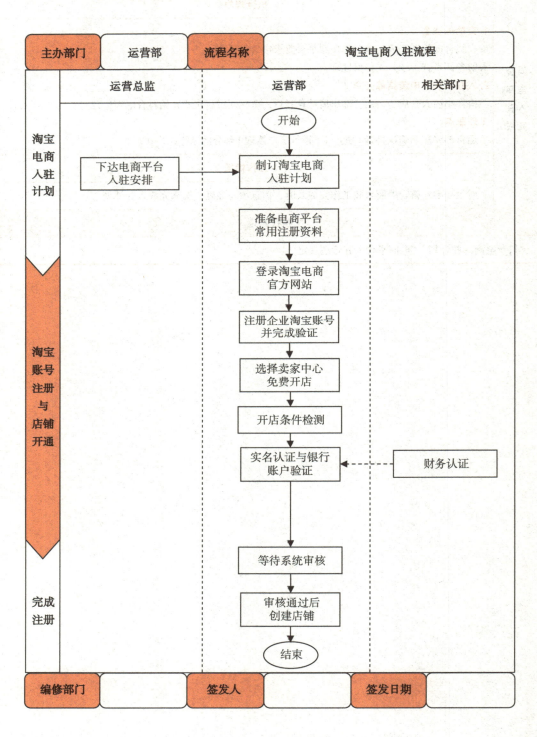

主办部门	运营部	流程名称	淘宝电商入驻流程

	运营总监	运营部	相关部门
淘宝电商入驻计划	下达电商平台入驻安排	开始 → 制订淘宝电商入驻计划	
淘宝账号注册与店铺开通		准备电商平台常用注册资料	
		登录淘宝电商官方网站	
		注册企业淘宝账号并完成验证	
		选择卖家中心免费开店	
		开店条件检测	
		实名认证与银行账户验证	财务认证
完成注册		等待系统审核	
		审核通过后创建店铺	
		结束	

编修部门		签发人		签发日期	

3.4.2　淘宝电商入驻执行程序、工作标准、考核指标、执行规范

任务名称	执行程序、工作标准与考核指标
淘宝电商入驻计划	**执行程序** **1.制订淘宝电商入驻计划** ☆运营总监下达管理层制定的企业电商平台入驻安排 ☆运营部根据电商平台入驻安排制订淘宝电商入驻计划 **2.准备电商平台常用注册资料** 　运营部根据电商平台的注册要求准备常用的注册证明资料和相关文件电子档 **工作重点** 　运营部要严格按照电商平台入驻安排制订对应的平台入驻计划，不得影响企业电商运营发展计划 **工作标准** 内容标准：淘宝电商入驻计划包含入驻时间、入驻形式、产品销售类目、管理运营团队介绍等内容
淘宝账号注册与店铺开通	**执行程序** **1.注册企业淘宝账号并完成验证** 　运营部登录淘宝官方网站，按指引完成企业淘宝账号注册 **2.实名认证与银行账户验证** ☆运营部按要求提交企业实名认证资料 ☆企业实名认证通过后，运营部填写银行账户信息并完成银行账户验证 **工作重点** 　企业实名认证和银行账户验证是运营淘宝店铺的重要权限证明，运营部应按照财务部和领导的安排进行注册 **工作标准** 依据标准：淘宝店铺注册开通按照企业电商平台入驻管理规定的要求进行 **考核指标** 入驻工作完成及时率：该指标是对运营部淘宝电商入驻工作准备情况和执行情况的直接考核 $$入驻工作完成及时率 = \frac{期限内完成的工作项数}{入驻工作总次数} \times 100\%$$
完成注册	**执行程序** **1.等待系统审核** 　企业实名认证和淘宝开店认证审核提交后，运营部等待系统审核 **2.审核通过后创建店铺** 　淘宝网审核通过后，运营部点击创建店铺，开始店铺建设 **工作重点** 　运营部要及时跟进淘宝网的店铺审核进程，关注审核结果，确保店铺顺利完成注册 **工作标准** 考核标准：运营部工作符合企业相关规定，能够按时并高质量完成淘宝电商入驻工作
执行规范	
"淘宝电商入驻计划""电商平台入驻管理规定"	

3.5.1 京东电商入驻流程设计

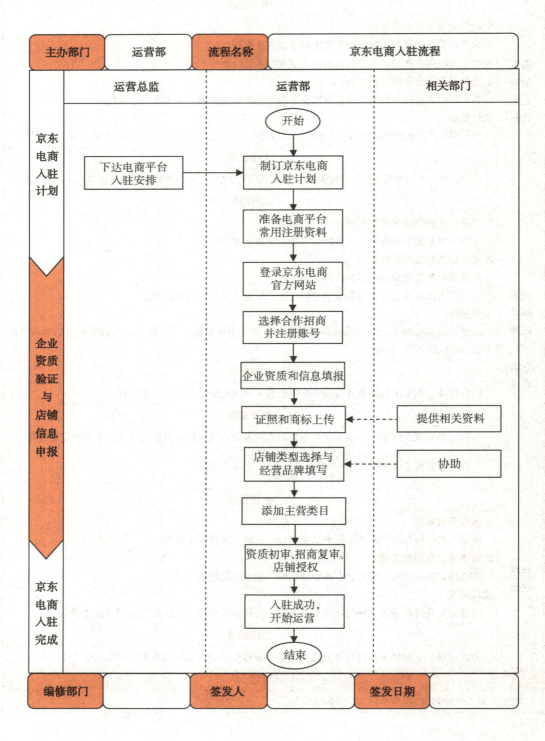

主办部门	运营部	流程名称	京东电商入驻流程

	运营总监	运营部	相关部门

京东电商入驻计划

下达电商平台入驻安排 → 开始

制订京东电商入驻计划

准备电商平台常用注册资料

登录京东电商官方网站

选择合作招商并注册账号

企业资质验证与店铺信息申报

企业资质和信息填报

证照和商标上传 ← 提供相关资料

店铺类型选择与经营品牌填写 ← 协助

添加主营类目

资质初审、招商复审、店铺授权

京东电商入驻完成

入驻成功，开始运营

结束

编修部门		签发人		签发日期	

电商运营管理 流程设计与工作标准

3.5.2　京东电商入驻执行程序、工作标准、考核指标、执行规范

任务名称	执行程序、工作标准与考核指标
京东电商入驻计划	**执行程序** **1. 制订京东电商入驻计划** ☆运营总监下达管理层制定的企业电商平台入驻安排 ☆运营部根据电商平台入驻安排制订京东电商入驻计划 **2. 准备电商平台常用注册资料** 　运营部根据电商平台的注册要求准备常用的注册证明资料和相关文件电子档 **工作重点** 　运营部要严格按照电商平台入驻安排制订对应的平台入驻计划，不得影响企业电商运营发展计划 **工作标准** 　内容标准：京东电商入驻计划包含入驻时间、入驻形式、产品销售类目、管理运营团队介绍等内容
企业资质验证与店铺信息申报	**执行程序** **1. 选择合作招商并注册账号** 　运营部登录京东电商官方网站，在页面合作招商处按照指引注册店铺账号 **2. 企业资质和信息填报** 　运营部填写企业资质信息，所有资质证照的相关文件都需要加盖企业红章 **3. 店铺类型选择与经营品牌填写** 　运营部按照企业京东电商入驻计划选择店铺类型，填写经营品牌，选择店铺产品主营类目，完成后提交审核 **工作重点** 　运营部应详细了解京东商家入驻的 POP 商家（第三方）、自营商家、京喜合作三种入驻模式，掌握 B2C 模式、B2B 模式和商家服务的详细内容 **工作标准** 　内容标准：运营部需要准备企业营业执照、法定代表人身份证、银行开户许可证、商标注册证、质检报告、销售授权书（如有）、进货发票等证照与证明资料复印件 **考核指标** 　入驻工作完成及时率：该指标是对运营部京东电商入驻工作准备情况和执行情况的直接考核 $$入驻工作完成及时率 = \frac{期限内完成的工作项数}{入驻工作总项数} \times 100\%$$
京东电商入驻完成	**执行程序** **1. 资质初审、招商复审、店铺授权** 　店铺注册审核提交后，京东进行资质初审、招商复审、店铺授权 **2. 入驻成功，开始运营** 　资质初审、招商复审、店铺授权全部通过后，京东电商入驻成功，运营部开始运营店铺

任务名称	执行程序、工作标准与考核指标		
京东电商入驻完成	**执行程序**		
	工作重点 　店铺授权完成后，运营部要根据平台要求完善店铺信息、缴纳相关费用、上传商品图片、装修店铺等		
	工作标准		
	考核标准：京东电商入驻工作顺利完成		
执行规范			
"京东电商入驻计划""电商平台入驻管理规定"			

3.6 拼多多电商入驻流程设计与工作执行

3.6.1 拼多多电商入驻流程设计

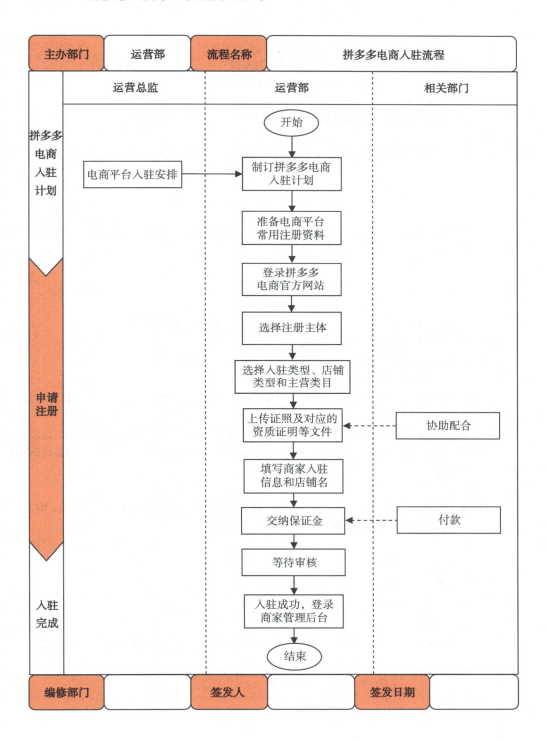

3.6.2 拼多多电商入驻执行程序、工作标准、考核指标、执行规范

任务 名称	执行程序、工作标准与考核指标
拼多多 电商 入驻 计划	**执行程序** **1. 制订拼多多电商入驻计划** ☆运营总监下达管理层制定的企业电商平台入驻安排 ☆运营部根据电商平台入驻安排制订拼多多电商入驻计划 **2. 准备电商平台常用注册资料** 运营部根据电商平台的注册要求准备常用的注册证明资料和相关文件电子档 **工作重点** 运营部要严格按照电商平台入驻安排制订对应的平台入驻计划，不得影响企业电商运营发展计划 **工作标准** 内容标准：拼多多电商入驻计划包含入驻时间、入驻形式、产品销售类目、管理运营团队介绍等内容
申请 注册	**执行程序** **1. 选择注册主体** 运营部登录拼多多电商官方网站，点击首页的商家入驻，选择店铺注册主体 **2. 选择入驻类型、店铺类型和主营类目** ☆运营部按照指引选择入驻类型、店铺类型和店铺的产品主营类目 **3. 上传证照及对应的资质证明等文件** ☆店铺信息选择和店铺名称填写完成后，运营部根据页面提示上传证照及对应的资质证明等文件 **4. 交纳保证金** 根据规定，商家入驻及发布产品时均不需要支付保证金，但在缴存足额店铺保证金之前，店铺将受到一定的限制，包括提现、报名活动、发布商品货值及库存限额等，因此运营部要按照要求交纳保证金 **工作重点** 拼多多的企业入驻类型包含普通入驻和一般贸易，店铺类型包含普通企业店、旗舰店、专卖店、专营店，运营部要按照要求正确填写 **工作标准** 考核标准：运营部准确、正确、及时地完成拼多多店铺注册工作 **考核指标** 入驻工作完成及时率：该指标是对运营部拼多多电商入驻工作准备情况和执行情况的直接考核 $$入驻工作完成及时率 = \frac{期限内完成的工作项数}{入驻工作总项数} \times 100\%$$

任务名称	执行程序、工作标准与考核指标
入驻完成	**执行程序**
	1. 等待审核 　　运营部完成拼多多企业店铺注册申请后，等待拼多多审核信息 **2. 入驻成功，登录商家管理后台** 　　拼多多企业店铺入驻申请审核通过后，运营部登录商家管理后台，完善店铺信息 **工作重点** 　　运营部跟进入驻审核，确保拼多多店铺入驻顺利完成
	工作标准
	考核标准：拼多多企业店铺入驻完成，可以正常运营
执行规范	
"拼多多电商入驻计划""电商平台入驻管理规定"	

第4章 店铺规划管理

4.1 店铺规划管理流程设计

4.1.1 流程设计目的

企业对电商店铺规划实施流程管理的目的如下：

（1）确保店铺规划管理各项工作的全过程可控，规范店铺管理的操作流程，使店铺规划各项功能效用最大化；

（2）控制店铺规划管理的成本，增加店铺曝光率，提高店铺购买转换率，提升店铺销售额。

4.1.2 流程结构设计

店铺规划管理流程结构将店铺规划细分为 7 个事项，分别就每个事项设计流程，具体的结构设计如图 4-1 所示。

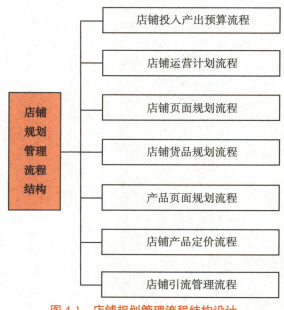

图 4-1　店铺规划管理流程结构设计

4.2.1 店铺投入产出预算流程设计

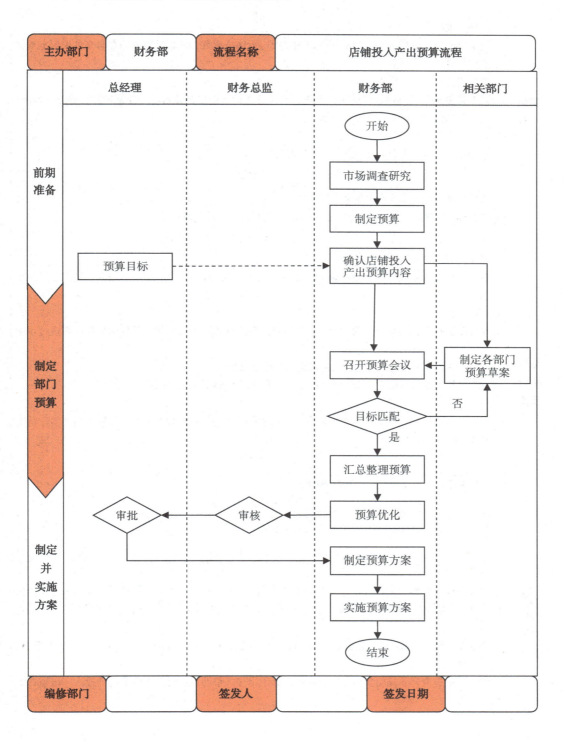

4.2.2　店铺投入产出预算执行程序、工作标准、考核指标、执行规范

任务名称	执行程序、工作标准与考核指标
前期准备	**执行程序** **1.市场调查研究** 　　财务部对市场上同类型店铺的投入产出情况进行调查研究，并根据市场调查研究结果制定本企业店铺的投入产出预算 **2.确认店铺投入产出预算内容** 　　财务部根据总经理对预算的目标要求，确认店铺投入产出预算内容，并将预算内容进行分解，作为对各部门投入产出预算的控制依据 **工作重点** 　　市场调查研究应符合店铺实际情况，客观可行 **工作标准** ☆参照标准：店铺投入产出预算工作规范 ☆质量标准：市场调查研究结果切实可行，对预算的制定具有指导作用
制定部门预算	**执行程序** **1.制定各部门预算草案** 　　各部门根据店铺投入产出情况确定本部门的预算目标、预算内容、完成时间等，制定部门预算草案 **2.召开预算会议** ☆财务部根据各部门制定的部门投入产出预算草案召开预算会议，对各部门的预算内容进行现场核算与分析 ☆部门预算内容与目标匹配的，财务部进行预算汇总整理 ☆部门预算草案与店铺投入产出预算目标不匹配的，由各部门进行调整 **工作重点** 　　召开预算会议时，财务部应考虑到不同部门预算内容的差异性和复杂性，根据部门的实际情况进行现场核算与分析 **工作标准** 完成标准：预算汇总整理工作准确高效 **考核指标** 预算汇总整理工作需要在＿＿个工作日内完成
制定并实施方案	**执行程序** **1.预算优化** 　　财务部根据各部门预算内容，结合市场调查情况和预算目标对预算进行优化，使店铺投入产出预算符合店铺预算目标和市场情况，并将优化后的预算交由财务总监审核、总经理审批 **2.制定预算方案** 　　财务部根据审批通过的预算制定预算实施方案，明确各部门的预算项目和指标，并下发执行 **3.实施预算方案** 　　财务部负责监督各部门实施预算方案，并给予指导，帮助各部门高效完成店铺投入产出预算的相关工作

任务名称	执行程序、工作标准与考核指标
制定并实施方案	**执行程序**
	工作重点 预算优化和预算方案的制定应符合店铺运营的实际情况
	工作标准
	依据标准：店铺投入产出预算市场调查、店铺预算目标
	考核指标
	☆预算优化工作需要在____日内完成 ☆预算方案应在预算审批通过后的____日内完成 ☆预算工作出错率：用来衡量财务部的预算工作质量 $$预算工作出错率 = \frac{考核期内预算工作出错的项数}{考核期内应完成的预算工作项数} \times 100\%$$
	执行规范
	"店铺投入产出预算工作规范""预算编制程序要求"

第4章 店铺规划管理

4.3 店铺运营计划流程设计与工作执行

4.3.1 店铺运营计划流程设计

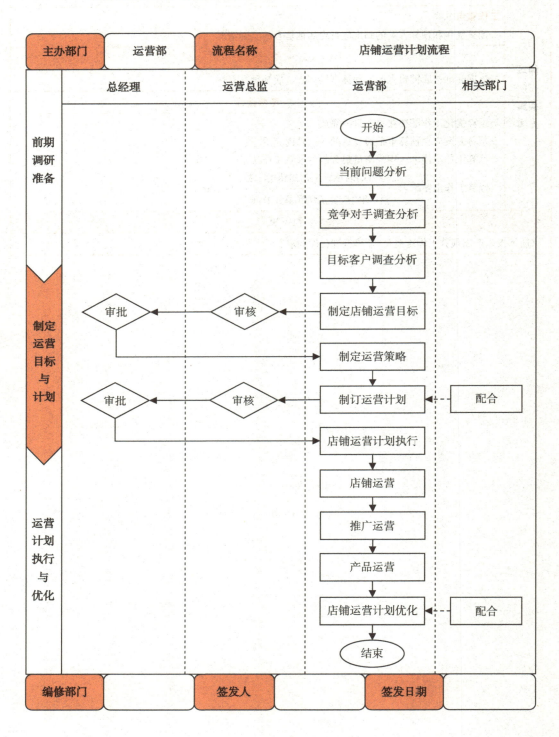

主办部门	运营部	流程名称	店铺运营计划流程

前期调研准备

制定运营目标与计划

运营计划执行与优化

	总经理	运营总监	运营部	相关部门

开始

当前问题分析

竞争对手调查分析

目标客户调查分析

制定店铺运营目标 → 审核 → 审批

制定运营策略

制订运营计划 → 审核 → 审批 ← 配合

店铺运营计划执行

店铺运营

推广运营

产品运营

店铺运营计划优化 ← 配合

结束

编修部门		签发人		签发日期	

4.3.2 店铺运营计划执行程序、工作标准、考核指标、执行规范

任务名称	执行程序、工作标准与考核指标
前期调研准备	**执行程序** **1. 当前问题分析** 　运营部对店铺现状进行分析，找出店铺运营存在的问题，对问题进行深入挖掘和分析，为运营计划的制订明确方向 **2. 竞争对手调查分析** 　借助网络等工具，对直接竞争对手和潜在竞争对手进行调查，学习竞争对手的成功经验，对竞品信息进行分析，了解竞争对手的运营方法和方向 **3. 目标客户调查分析** 　运营部对店铺目标客户进行调查，了解目标客户的需求和购物心理特征，根据目标客户的调查分析结果，对店铺运营做好精细化管理 **工作重点** 　竞争对手调查及目标客户调查应与店铺运营情况相匹配，符合店铺运营发展方向 **工作标准** ☆质量标准：调查分析结果切实可行，对店铺运营计划的制订具有指导性意义 ☆方法标准：采用科学合理的分析方法对竞争对手和目标客户进行分析，如组织矩阵分析法、价值链分析法、标杆法等
制定运营目标与计划	**执行程序** **1. 制定店铺运营目标** 　运营部根据店铺现状分析、竞争对手和目标客户调查分析的结果，制定店铺运营目标，提交运营总监审核、总经理审批，并根据审批意见进行调整 **2. 制定运营策略** 　运营部结合运营目标和市场情况制定运营策略，确定店铺运营的产品策略和价格策略 **3. 制订运营计划** 　运营部根据运营目标和运营策略，与其他部门配合，制订店铺运营计划，提交运营总监审核、总经理审批，并根据审批意见进行修改 **工作重点** 　制订运营计划时，运营部应与相关部门交流沟通，确保运营计划符合店铺实际情况 **工作标准** 依据标准：制订运营计划时，一般可从店铺基础工作、店铺运营费用、店铺运营管理制度、店铺促销方式等方面进行考虑 **考核指标** ☆店铺运营计划需要在____日内完成 ☆店铺运营计划一次性通过率：目标值为 100% $$店铺运营计划一次性通过率 = \frac{计划一次性通过审批的次数}{计划提交审批总次数} \times 100\%$$

（续表）

任务名称	执行程序、工作标准与考核指标
运营计划执行与优化	**执行程序** **1. 店铺运营计划执行** 店铺运营计划审批通过后，运营部根据运营计划开展店铺运营、推广运营和产品运营工作，关注运营计划的执行情况和店铺运营的实际情况 **2. 店铺运营计划优化** 运营部结合店铺运营的实际情况和相关部门的建议，对运营计划进行调整优化 **工作重点** 运营计划并不是一成不变的，运营部应根据店铺运营的实际情况适时调整运营计划 **工作标准** 参考标准：店铺运营数据分析
执行规范	
"竞争对手分析报告""目标客户购物行为分析""运营计划执行规范""店铺运营数据分析"	

4.4 店铺页面规划流程设计与工作执行

4.4.1 店铺页面规划流程设计

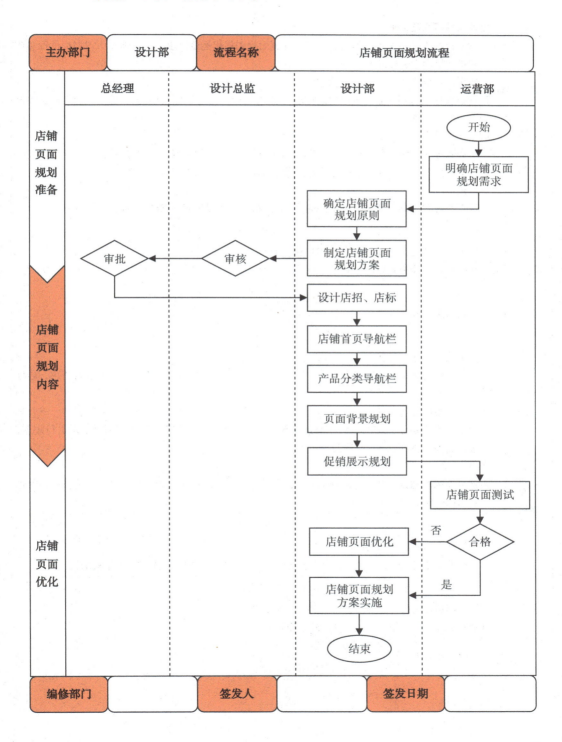

4.4.2　店铺页面规划执行程序、工作标准、考核指标、执行规范

任务名称	执行程序、工作标准与考核指标
店铺页面规划准备	**执行程序** **1.明确店铺页面规划需求** 　运营部根据市场情况和店铺定位，对店铺页面规划提出运营需求，为店铺页面规划提供现实依据，推进店铺的运营和发展 **2.确定页面规划原则** 　设计部根据运营部的店铺页面规划需求，针对店铺产品品类和目标客户，确定符合店铺实际情况的页面规划原则 **3.制定店铺页面规划方案** ☆根据店铺页面规划的需求和原则，设计部制定店铺页面规划方案，以促进店铺规划工作的实施 ☆店铺页面规划方案的内容包括店铺页面规划项目说明、完成时间及责任部门等 **工作重点** 　店铺页面规划方案的制定需结合店铺运营实际情况，以促进店铺发展为目的 **工作标准** ☆参照标准：同品类店铺页面规划、店铺定位分析 ☆质量标准：店铺页面规划方案切合合理，符合店铺的规划要求 **考核指标** 　店铺页面规划方案需要在＿＿个工作日内完成
店铺页面规划内容	**执行程序** **1.设计店招、店标** 　店招、店标是店铺页面的形象展示，设计部根据店铺定位及店铺页面规划方案进行店招、店标设计 **2.店铺页面模块规划** 　设计部根据店铺运营情况，对店铺页面导航栏、分类栏、页面背景和店铺促销展示进行规划，使店铺页面各模块符合店铺当前需求 **工作重点** 　店铺页面的规划设计要符合店铺的定位，店铺页面各模块的规划应注重提升用户体验感，增强客户对店铺的印象 **工作标准** ☆参照标准：店铺页面规划要求 ☆目的标准：通过店铺页面规划，进一步提升店铺对客户的吸引力，促进店铺销量增长 **考核指标** ☆店铺页面规划的内容需要在＿＿个工作日内完成 ☆规划提交及时率：用来检验设计部的工作效率 $$规划提交及时率 = \frac{按时提交的规划个数}{应提交的规划总数} \times 100\%$$

任务名称	执行程序、工作标准与考核指标
店铺页面优化	**执行程序** **1.店铺页面测试** 　设计部完成店铺页面内容的规划和设计后，运营部进行店铺页面测试，并根据测试结果提出优化建议 **2.店铺页面优化** 　设计部根据运营部的店铺页面测试结果和页面优化建议，对店铺页面进行优化，让店铺页面符合客户的浏览与消费习惯 **3.店铺页面规划方案实施** 　店铺页面优化后，设计部根据店铺页面规划方案进行页面设计，并根据店铺运营的实际情况进行适当调整 **工作重点** 　店铺页面测试和优化应充分考虑店铺的实际情况和客户的消费行为习惯
	工作标准
	☆参照标准：同品类店铺页面规划方案 ☆效率标准：店铺页面测试和优化工作需要在＿＿个工作日内完成
	执行规范

"店铺页面规划要求""店铺页面测试规范"

4.5.1　店铺货品规划流程设计

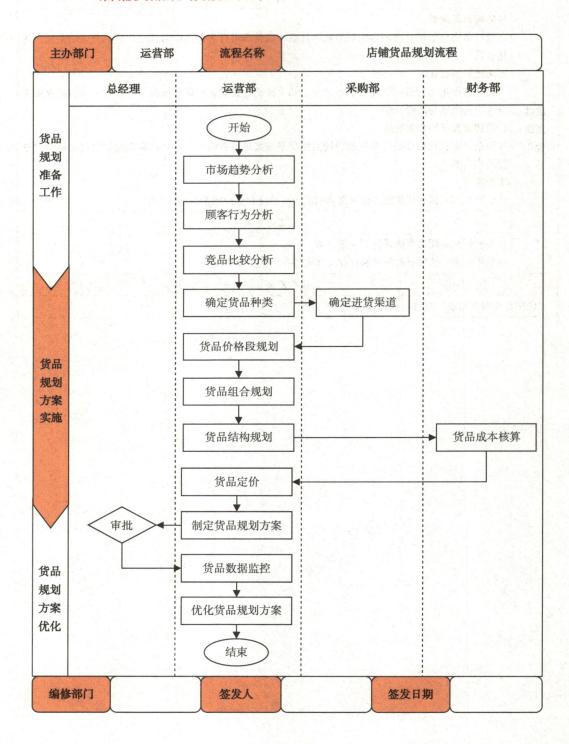

4.5.2 店铺货品规划执行程序、工作标准、考核指标、执行规范

任务名称	执行程序、工作标准与考核指标
货品规划准备工作	**执行程序** **1. 市场趋势分析** 　运营部根据店铺运营数据情况，了解货品品类波段节奏，进行市场趋势分析，获取货品趋势信息，为店铺货品更新提供市场和数据依据 **2. 顾客行为分析** 　运营部根据平台大数据，对顾客行为进行分析，掌握日访客量和浏览量动态，针对顾客行为进行货品调整 **3. 竞品比较分析** 　运营部根据竞品销售情况进行比较分析，了解竞争对手的货品规划信息，为店铺货品规划提供市场依据和思路 **工作重点** 　调查分析工作符合店铺定位和货品规划运营情况 **工作标准** 　参照标准：竞品比较分析可以从竞品基础数据管理、流程管理、竞品分析和展示等方面进行 **考核指标** 　竞品比较分析工作应在＿＿个工作日内完成
货品规划方案实施	**执行程序** **1. 确定货品种类** 　运营部根据店铺定位和当前运营情况确定货品的种类，根据店铺层级做好货品的调配工作 **2. 货品规划** ☆采购部根据运营部确定的货品种类，选择货品的进货渠道 ☆运营部根据确定的货品种类和进货渠道，针对不同运营情况，对店铺货品进行价格段和货品组合的规划 ☆运营部对店铺货品结构进行规划，利用货品的差异吸引不同的顾客，通常店铺货品可分为引流款、利润款、活动款、形象款等 **3. 货品定价** 　财务部对货品成本进行核算，运营部根据店铺情况和成本情况对货品进行定价 **工作重点** 　店铺货品定价需合理规范，符合店铺产出预期目标 **工作标准** ☆目的标准：通过店铺货品规划，提升店铺的吸引力和竞争力 ☆方法标准：店铺货品采用科学的定价方法，如成本叠加法、市场估价法、差异化定价法、折扣定价法

任务名称	执行程序、工作标准与考核指标
货品规划方案优化	**执行程序** **1. 制定货品规划方案** 　运营部制定货品规划方案，内容包括货品品类、进货渠道、货品价格波段、货品营销组合、货品成本和定价及运营调整策略等，并提交总经理审批 **2. 货品数据监控** 　运营部对店铺货品数据进行监控，包括货品销售结构、货品层级变动、排名情况等信息 **3. 优化货品规划方案** 　运营部根据货品数据情况和运营情况，对货品规划方案进行优化，提高货品规划方案的适用性 **工作重点** 　店铺货品规划方案合理可行，符合店铺运营的要求，对提升店铺货品竞争力具有建设性作用
	工作标准 效率标准：货品规划方案需要在_____个工作日内完成
	考核指标 货品规划方案项目优化率：用以衡量运营部货品规划工作的质量 $$货品规划方案项目优化率 = \frac{可执行的货品规划方案项目优化数}{货品规划方案项目优化总数} \times 100\%$$
	执行规范
	"店铺货品规划调查规范" "店铺货品规划方案"

4.6 产品页面规划流程设计与工作执行

4.6.1 产品页面规划流程设计

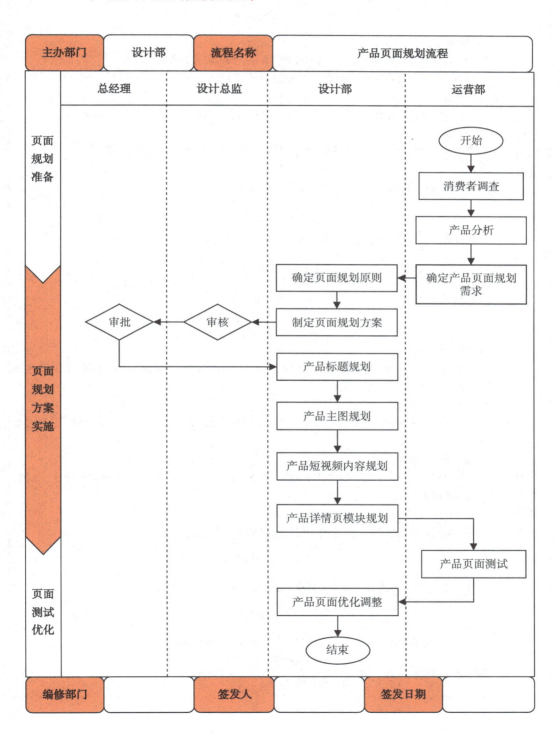

4.6.2　产品页面规划执行程序、工作标准、考核指标、执行规范

任务名称	执行程序、工作标准与考核指标
页面规划准备	**执行程序** **1. 消费者调查** ☆运营部根据店铺大数据情况，查询消费者的喜好、消费能力和地域等信息 ☆查看同品类竞争对手的消费者评论，将信息进行筛选对比，对消费者行为进行分析 **2. 产品分析** 　运营部对产品进行分析，分析其基本特征、独特卖点、给消费者带来的利益和体验 **3. 确定产品页面规划需求** 　运营部根据消费者分析和产品分析情况，结合店铺实际确定产品页面规划的需求 **工作重点** 　产品页面规划从店铺产品本身出发，挖掘消费者的关注点及产品卖点 **工作标准** 　参照标准：竞争对手产品页面规划 **考核指标** 　消费者分析和产品分析工作应在＿＿＿个工作日内完成
页面规划方案实施	**执行程序** **1. 确定页面规划原则** 　产品页面是图片、文字和视频等多种元素的组合，设计部在确定页面规划原则时，应充分考虑产品页面的逻辑和店铺的核心信息 **2. 制定页面规划方案** 　设计部根据页面规划原则及店铺情况制定产品页面规划方案，方案经设计总监审核、总经理审批通过后实施 **3. 产品页面内容规划** 　设计部根据页面规划方案，确定设计风格，准备产品页面设计素材，对产品页面的标题、主图、产品展示短视频、详情页等进行规划 **工作重点** 　产品页面规划方案切实可行，符合店铺运营的实际需要，信息真实准确 **工作标准** 　质量标准：产品页面规划内容全面新颖，能够突出店铺和产品特色 **考核指标** 　页面规划内容采纳率：用来检验设计部产品页面规划内容的质量 $$页面规划内容采纳率 = \frac{被采纳的页面规划项目数}{页面规划项目总数} \times 100\%$$

任务 名称	执行程序、工作标准与考核指标
页面 测试 优化	**执行程序** **1.产品页面测试** 　运营部根据设计部的产品页面规划内容对产品页面进行测试，主要测试产品界面的操作简便性、页面美观性和实用性等 **2.产品页面优化调整** 　设计部根据运营部产品页面测评的建议，结合店铺运营实际，对产品页面进行优化调整，使产品页面的内容更加具有吸引力，提高店铺转化率 **工作重点** 　产品页面优化调整可以从产品介绍、产品属性参数、细节展示等方面进行
	工作标准 效率标准：产品页面优化调整需要在产品页面测试后____个工作日内完成
	考核指标 产品页面转化率：用以衡量店铺产品页面规划的工作质量 $$产品页面转化率 = \frac{产生购买行为的人数}{到达该产品页面的访客总人数} \times 100\%$$
	执行规范
	"店铺页面规划要求""店铺页面规划方案"

第4章 店铺规划管理

4.7 店铺产品定价流程设计与工作执行

4.7.1 店铺产品定价流程设计

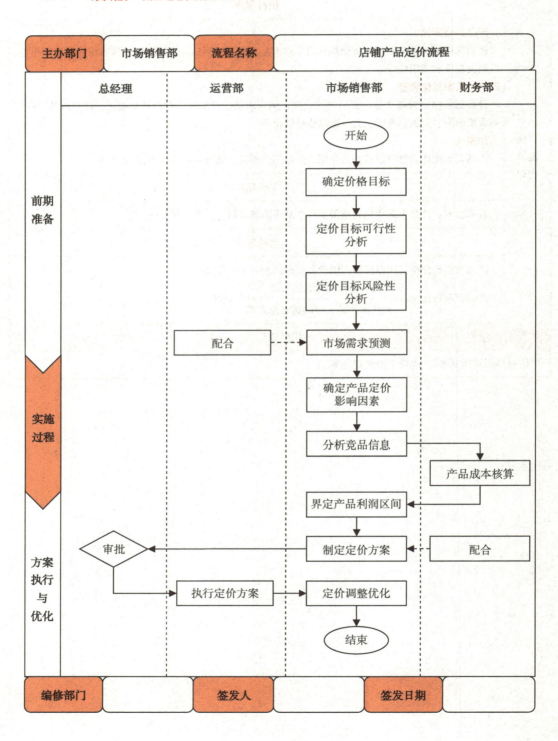

主办部门	市场销售部	流程名称	店铺产品定价流程
	总经理	运营部	市场销售部	财务部

前期准备 / 实施过程 / 方案执行与优化

开始 → 确定价格目标 → 定价目标可行性分析 → 定价目标风险性分析 → 市场需求预测（配合）→ 确定产品定价影响因素 → 分析竞品信息 → 产品成本核算 → 界定产品利润区间 → 制定定价方案（配合）→ 审批 → 执行定价方案 → 定价调整优化 → 结束

| 编修部门 | | 签发人 | | 签发日期 | |

电商运营管理 流程设计与工作标准

4.7.2　店铺产品定价执行程序、工作标准、考核指标、执行规范

任务名称	执行程序、工作标准与考核指标
前期准备	**执行程序** **1. 确定价格目标** 　市场销售部根据店铺预算情况，确定价格目标，并围绕价格目标进行评估定价 **2. 定价目标分析** 　☆针对爆款、引流款等不同类型的产品，市场销售部对定价目标进行可行性分析与风险性分析 　☆定价目标的可行性分析与风险性分析主要从市场、竞争对手和店铺自身三方面进行 **3. 市场需求预测** 　市场销售部结合市场行情，对产品的市场需求进行预测，并做好全年活动价格预测，为定价调整提供依据 **工作重点** 　制定价格目标时，市场销售部要明确店铺现阶段的目标和运营预算 **工作标准** 　依据标准：价格目标的确定可以从利润的最大化、市场占有率、竞争排名情况等方面进行
实施过程	**执行程序** **1. 确定产品定价影响因素** 　市场销售部根据店铺运营实际情况，结合市场情况，确定定价的影响因素，如成本、预期收益、市场竞争、产品影响力等 **2. 分析竞品信息** 　市场销售部对市场上排名前五的同类产品进行分析，做竞品价格调研，了解竞品定价的相关信息 **3. 界定产品利润区间** 　确定产品利润是产品定价的重要环节，市场销售部应根据店铺的发展策略和市场情况，结合财务部的成本核算结果，界定产品的利润区间，确保合理达到产出预算目标 **工作重点** 　市场销售部在确定定价影响因素时应客观全面，符合店铺的运营和发展思路 **工作标准** 　目的标准：通过产品利润的界定，确定符合店铺产品情况的产出预算，实现店铺利润最大化 **考核指标** 　竞品信息分析工作应在＿＿个工作日内完成
方案执行与优化	**执行程序** **1. 制定定价方案** 　在财务部的配合下，市场销售部制定产品定价方案，包括产品类型、定价方法、预期收益、成本核算、市场分析等。定价方案经总经理审批通过后实施 **2. 定价调整优化** 　市场销售部根据运营部产品定价的实施情况和店铺运营情况，结合市场活动或者促销活动，定期对定价进行调整优化

（续表）

任务名称	执行程序、工作标准与考核指标
方案执行与优化	**执行程序**
	工作重点 定价方案合理可行，同时应根据店铺运营策略和市场活动进行实时调整
	工作标准 ☆效率标准：产品定价方案需要在____个工作日内完成 ☆参照标准：竞争对手定价信息
	考核指标 定价调整优化及时率：用以检验市场销售部的工作效率 $$定价调整优化及时率 = \frac{已调整优化的个数}{应调整优化的个数} \times 100\%$$
执行规范	
"竞争对手定价分析报告""店铺产品定价方案""店铺产品定价工作规范"	

电商运营管理 流程设计与工作标准

4.8 店铺引流管理流程设计与工作执行

4.8.1 店铺引流管理流程设计

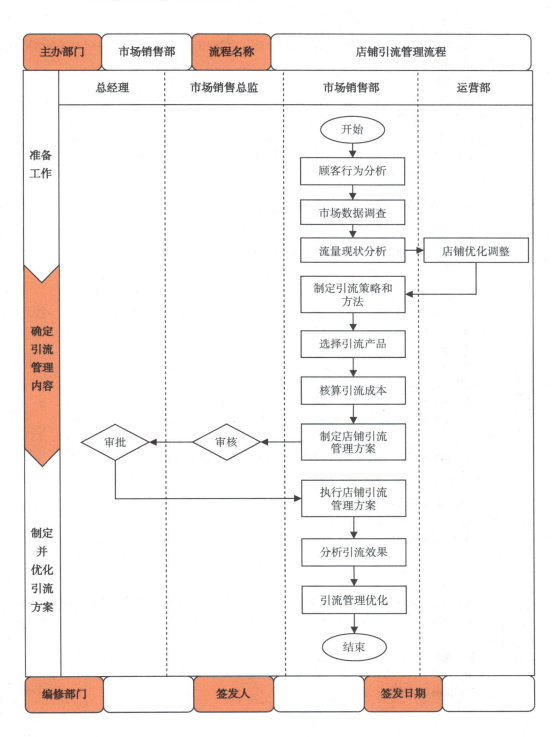

4.8.2 店铺引流管理执行程序、工作标准、考核指标、执行规范

任务名称	执行程序、工作标准与考核指标
准备工作	**执行程序** **1. 顾客行为分析** 市场销售部根据运营数据对顾客行为进行分析，了解顾客特点和类型，并针对不同类型的顾客制定相应的引流措施 **2. 市场数据调查** 市场销售部对市场流量数据进行调查，了解不同平台的流量信息和流量转化率，为后续店铺引流平台的选择提供依据 **3. 流量现状分析** 市场销售部对店铺流量现状进行分析，了解店铺流量的来源、年龄段、地域分布、浏览定向和转化率等信息 **工作重点** 流量现状分析应全面精细，为店铺引流管理提供科学依据 **工作标准** 效率标准：市场数据调查工作需要在____个工作日内完成
确定引流管理内容	**执行程序** **1. 制定引流策略和方法** 市场销售部结合调整优化后的店铺情况，针对店铺不同类型的产品，制定引流策略和方法，为店铺引流管理提供指导 **2. 选择引流产品** 市场销售部根据店铺流量情况和引流平台，选择符合店铺运营情况、转化率高、限制小的产品作为引流产品 **3. 核算引流成本** 市场销售部根据引流产品和引流平台的投入情况，核算引流成本 **工作重点** 引流产品的选择是基于店铺消费群体分析，符合店铺引流管理的目的 **工作标准** ☆参照标准：店铺运营分析报告 ☆目的标准：通过制定引流策略和方法，确定引流产品，扩大店铺流量影响，进一步提升店铺的吸引力和流量转化率
制定并优化引流方案	**执行程序** **1. 制定店铺引流管理方案** 市场销售部根据店铺和流量现状，制定店铺引流管理方案，内容包括确定引流平台和引流产品、引流推广计划、流量管理等内容。店铺引流管理方案须提交市场销售总监审核、总经理审批，审批通过后方可执行 **2. 分析引流效果** 市场销售部实时跟进店铺流量情况，观察访客量及访客来源情况，对引流效果进行分析，并结合流量数据确定引流优化方法

电商运营管理 流程设计与工作标准

任务名称	执行程序、工作标准与考核指标
制定并优化引流方案	**执行程序** **3.引流管理优化** ☆市场销售部根据引流效果对引流管理方案进行优化，提高店铺引流能力 ☆店铺引流优化分为内部优化和外部优化，内部优化主要是店铺页面和信息详情优化等，外部优化主要是活动优化、平台优化等 **工作重点** 　市场销售部制定店铺引流管理方案时，需对店铺未来发展有合理预估，并根据预估的情况设置店铺引流方案的调整范围 **工作标准** 质量标准：店铺引流管理方案合理可行，有助于提高店铺流量转化 **考核指标** 店铺引流优化后的转化率：用以衡量店铺引流内外部优化后的效果 $$店铺引流优化后的转化率 = \frac{购买成交的流量数}{店铺到访流量总数} \times 100\%$$

执行规范

"店铺引流管理工作规范"

第4章 店铺规划管理

5.1　店铺开业管理流程设计

5.1.1　流程设计目的

电商运营对店铺开业进行流程管理的目的如下：

（1）提高店铺开业期间的销售量，提升知名度，打开市场；

（2）控制开业期间的费用支出，降低成本，提高资源利用率。

5.1.2　流程结构设计

电商店铺开业管理流程设计可采取并列式结构，将开业管理细分为 6 个事项，分别就每个事项设计流程，具体的结构设计如图 5-1 所示。

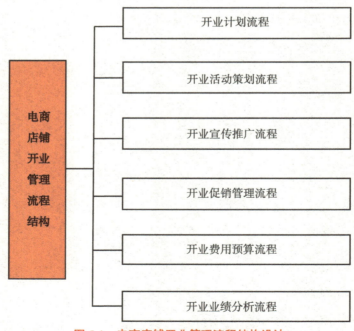

图 5-1　电商店铺开业管理流程结构设计

5.2.1　开业计划流程设计

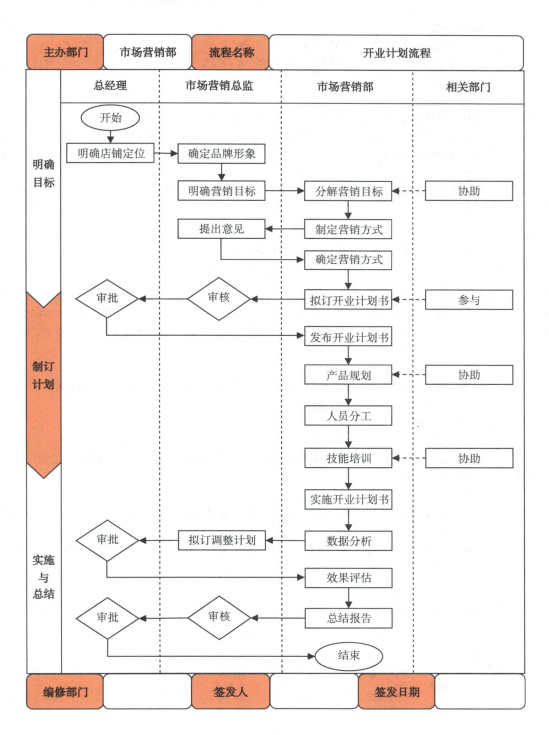

主办部门	市场营销部	流程名称	开业计划流程

第5章　店铺开业管理

5.2.2 开业计划执行程序、工作标准、考核指标、执行规范

任务名称	执行程序、工作标准与考核指标
明确目标	**执行程序** **1.明确店铺定位** ☆总经理根据市场行情明确店铺的具体定位 ☆市场营销总监按照店铺定位进行分析、研究，先确定最适合自身的品牌形象，然后确定营销目标 **2.确定营销方式** ☆市场营销部将营销目标进行分解，运营部予以协助，确定分目标的最终达成结果 ☆市场营销部依据分目标，初步制定营销方式，根据市场营销总监提出的相关意见进行修改后，确定最终的营销方式 **工作重点** 店铺定位要以详细的市场调查为依据，分析电商行业的店铺风格和定位，从而选择最合适的店铺定位 **工作标准** 目标标准：营销方式和店铺定位的方向及目标必须一致
制订计划	**执行程序** **1.拟订开业计划书** 市场营销部和运营部根据前期确定的店铺定位、品牌形象、营销目标和营销方式，共同拟订开业计划书，并交与市场营销总监审核、总经理审批，市场营销部将审核通过的开业计划书下发到相关部门 **2.产品规划** 市场营销部对店铺开业期间的产品进行规划，运营部提供相应的技术支持，市场营销可从产品线路、产品定价、产品制作等方面进行详细的规划 **3.人员分工及培训** ☆市场营销部按照计划的每一环节进行职责分工，将工作任务和目标分配到各部门 ☆市场营销部制定各部门需要达到的技能标准，人力资源部根据技能标准制订相应的培训计划，督促各部门完成培训计划 **工作重点** ☆市场营销部在制作产品时，应确保店铺的文案、主题符合店铺开业期的定位和品牌形象，并且产品的展示角度、拍摄手法等需要进行多次试验 ☆市场营销部在制订计划时，还需制订多种备选计划和突发事件的解决措施，尽量降低意外事故带来的损失 **工作标准** 美观标准：产品的拍摄角度统一，重点突出，展示图的色调、风格一致，页面简洁、美观 **考核指标** 图片通过率：目标值达到____%，用来衡量产品展示图的制作情况 $$图片通过率 = \frac{图片合格数}{图片总数} \times 100\%$$

电商运营管理 流程设计与工作标准

任务名称	执行程序、工作标准与考核指标
实施 与 总结	**执行程序** **1.实施开业计划书** ☆市场营销部按照开业计划书进行人员分工，有序开展工作 ☆市场营销部在计划进行过程中应定期监控，对各项指标、数据进行收集与分析 **2.调整计划** 　市场营销部监控、分析数据时，如发生异常，应汇总问题并及时上报市场营销总监；市场营销总监根据当前情况拟订调整计划，交于总经理审批；审批通过后，市场营销部按照调整计划继续执行工作 **3.效果评估与总结** 　市场营销部将开业期间的全部数据进行整理、汇总，对各项指标进行评估，分析实际效果，并编制开业总结报告，交于市场营销总监审核、总经理审批，审批通过后进行存档 **工作重点** 　市场营销部在实施开业计划书时，需要对开业期间所有的数据进行监控、记录，填写详细的记录表单，为总结报告提供详细、精准的数据 **工作标准** 　内容标准：总结报告的内容应完整详细、条理清晰，有数据、图表作为依据
执行规范	
"开业计划书""人员分工表""培训计划""开业总结报告"	

第5章　店铺开业管理

5.3.1　开业活动策划流程设计

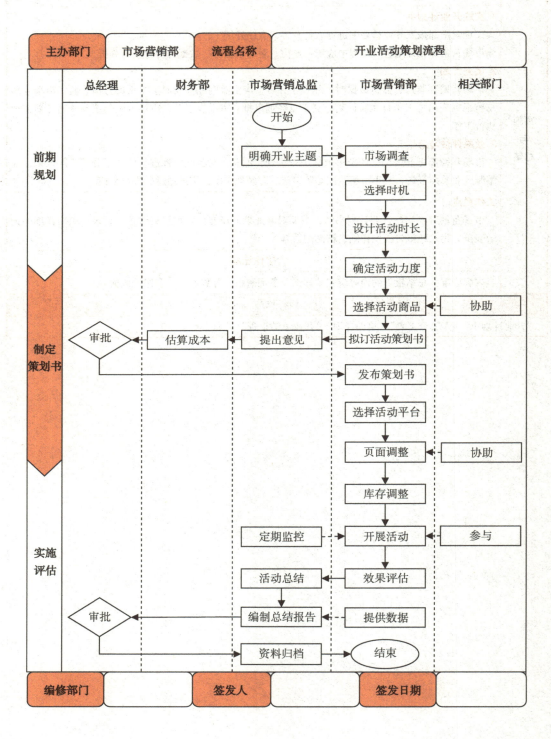

5.3.2 开业活动策划执行程序、工作标准、考核指标、执行规范

任务名称	执行程序、工作标准与考核指标
前期规划	**执行程序** **1.市场调查** ☆市场营销总监依据开业计划书，确定开业期间的活动策划主题 ☆市场营销部对当前市场行情进行调查，分析当下热点和流行元素，并对竞争对手进行分析，了解竞争对手的活动内容，形成完整的市场调查报告 **2.活动前期策划** ☆市场营销部选择合适的活动时机，比如可在节假日或者商品季节周期进行活动策划 ☆市场营销部设计活动时长时，一般可将其设为 2 ~ 5 天，不宜太长 ☆市场营销部在确定活动力度时不能盲目，要考虑商品成本，且提前做好活动预算 ☆市场营销部选择参加活动的商品时，要考虑七点因素：质量、利润空间、热销潜力、口碑、货源、尺码及是否应季 **工作重点** 在活动前期策划阶段，市场营销部要明确开业活动策划的最终目的及预期达成效果，做好各项指标任务及财务预算 **工作标准** 成本标准：活动预算不得超出财务预算
制定策划书	**执行程序** **1.拟订活动策划书** ☆市场营销部按照前期规划的具体内容和范围，拟订详细的活动策划书 ☆市场营销总监针对活动策划书的内容提出相应意见，而财务部则针对活动策划书的预算进行成本估算，查看是否超支，然后将活动策划书提交总经理审批 ☆市场营销部将审批通过的活动策划书在公司内部进行发布 **2.选择活动平台** 市场营销部对各大电商活动平台进行分析，根据活动策划的主题、力度、时机选择适合开业活动的平台 **3.页面调整** ☆市场营销部确定好活动策划的主题后，联合设计部对店铺页面进行设计、调整，以符合活动风格和相关要求，提升消费者体验 ☆市场营销部在活动开始前，对参加活动的商品价格进行统一调整 **4.库存调整** 市场营销部根据仓库的具体库存调整店铺的商品库存，避免消费者拍下后仓库无货，引起消费者投诉 **工作重点** ☆市场营销部需要安排专人检查商品首页图片上的价格标签、包邮信息与宝贝详情页、活动策划书上的价格是否一致 ☆活动页面做好后，市场营销部联合技术部对活动页面的商品链接进行测试，点击商品图片，查看是否有对应的商品页面或者活动页面跳出；同时，对商品的价格、包邮情况、规格、数量等信息进行仔细检查，确保信息无差错；对活动页面的整体视觉效果进行二次检查，如有不协调之处，要及时调整

任务名称	执行程序、工作标准与考核指标
制定策划书	**工作标准** 页面标准：店铺活动页面和商品页面的内容确保和活动策划书的内容一致 **考核指标** 页面准确率：目标值为＿＿＿%，用来衡量店铺商品页面信息的准确程度 $$页面准确率 = \frac{页面准确数}{页面总数} \times 100\%$$
实施评估	**执行程序** **1. 开展活动** ☆市场营销部按照活动策划书开展工作，各部门按照分工对店铺开业活动予以协助 ☆市场营销总监在活动开展期间进行数据监控，发生异常时及时制定解决方案，市场营销部按照解决方案执行工作，保证活动的顺利开展 **2. 效果评估** 市场营销部在活动期间对活动的各种指标进行详细记录，填写相关记录单，对整个活动进行数据分析，评估活动的最终完成效果，并编制效果评估表 **3. 活动总结** ☆市场营销总监组织召开活动总结会，指出活动中的不足和亮点，并对表现优异的个人进行嘉奖 ☆市场营销总监根据市场营销部提供的效果评估表编制总结报告，交于总经理审批，审批通过后将总结报告进行归档 **工作重点** 市场营销总监在编制总结报告时，可重点关注这几大方面：活动指标、广告效果、活动执行情况及活动前后效果对比，后期可根据活动中出现的问题进行有针对性的改进 **工作标准** 内容标准：总结报告的内容须完整详细、条理清晰，有数据、图表作为依据 **考核指标** 活动完成率：目标值达到＿＿＿%，用来衡量开业活动策划任务的完成情况 $$活动完成率 = \frac{实际完成的活动数}{计划活动总数} \times 100\%$$

执行规范
"市场调查报告""活动策划书""活动总结报告"

5.4 开业宣传推广流程设计与工作执行

5.4.1 开业宣传推广流程设计

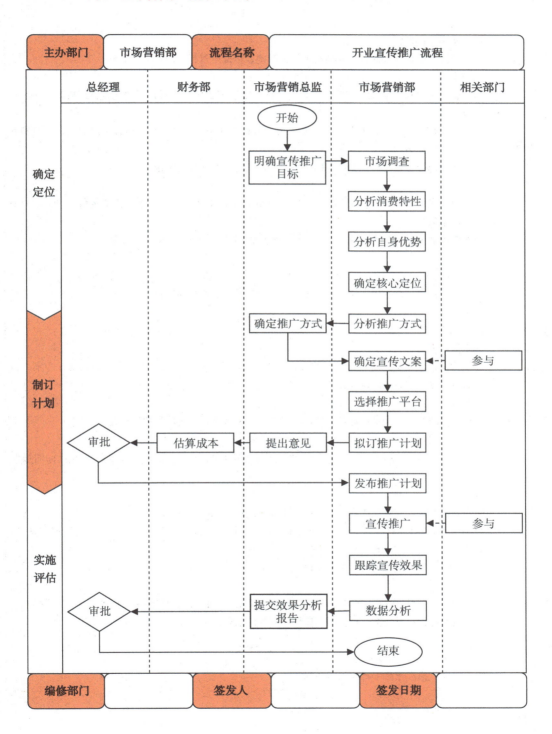

5.4.2　开业宣传推广执行程序、工作标准、考核指标、执行规范

任务名称	执行程序、工作标准与考核指标
确定定位	**执行程序** **1.明确宣传推广目标** 市场营销总监依据开业计划和活动策划书明确宣传推广目标 **2.市场调查** ☆市场营销部进行市场调查，收集各种宣传推广渠道的信息，分析它们的优劣势，绘制详细的对比分析图 ☆市场营销部针对开业期间面向的消费人群，分析该消费人群的特性，调查该消费人群平时接触的宣传推广渠道 ☆市场营销部分析自身店铺和商品的优势，以此确定核心的宣传定位 **工作重点** ☆市场营销部收集宣传推广渠道信息时，可了解竞争对手使用的推广渠道，从多角度出发全面分析推广渠道 ☆市场营销部分析消费者特性时，应仔细了解该群体的消费习惯、生活习惯等 **工作标准** 分析标准：市场调查需要从多维度出发，借用各种分析、推导工具
制订计划	**执行程序** **1.确定推广方式** 市场营销部搜集当前市场上相关的推广方式，分析它们的优劣势，拟订推广方式对比方案，由市场营销总监确定最终的推广方式 **2.确定宣传文案** 市场营销部联合设计部设计推广的宣传文案，确保其符合本次推广的目标和定位 **3.选择推广平台** 市场营销部了解市场上各种推广平台及相关的推广规则，选择最适合当前推广目标的推广平台 **4.确定宣传推广计划** ☆市场营销部将前期规划的宣传信息进行整理、汇总，拟订宣传推广计划 ☆市场营销总监针对计划中的问题提出相应意见，而财务部则针对计划中的预算进行成本估算，查看是否超支，然后提交总经理审批 ☆市场营销部将审批通过的宣传推广计划在公司内部进行发布 **工作重点** ☆市场营销部和设计部可结合当下热点制作宣传文案，并且文案内容要积极向上 ☆市场营销部拟订宣传推广计划时，应规划好推广预算，尽量降低开支 **工作标准** 成本标准：推广预算不得超出财务预算

任务名称	执行程序、工作标准与考核指标
实施评估	**执行程序** **1.宣传推广** ☆市场营销部联合运营部，按照宣传推广计划开展相关工作 ☆市场营销部定期查看宣传推广的实际效果，做好相关数据的记录 **2.数据分析** ☆市场营销部根据数据记录分析各项推广指标及最终达成的效果，并编制数据分析表 ☆市场营销总监根据数据分析表，分析宣传推广中出现的问题，找出解决方案，然后编制效果分析报告交于总经理审批 **工作重点** 　市场营销部在进行数据分析时，不仅要考虑平台的推广力，还要考虑其他多方因素，如市场波动、国家政策、季节变换等 **工作标准** 内容标准：效果分析报告的内容须完整详细、条理清晰，有数据、图表作为依据 **考核指标** 推广完成率：目标值为____%，用来衡量宣传推广任务的完成情况 $$推广完成率 = \frac{实际完成的推广任务数}{计划完成的推广任务总数} \times 100\%$$

执行规范

"市场调查分析图""宣传推广计划""推广效果分析报告"

5.5.1 开业促销管理流程设计

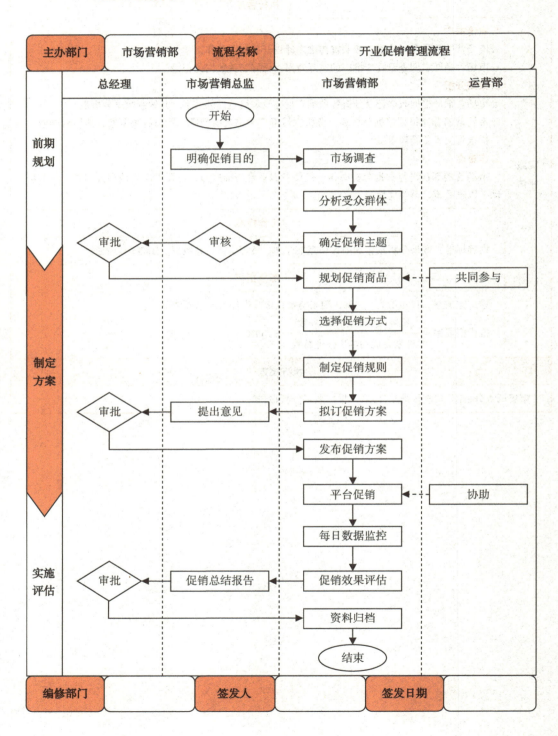

5.5.2 开业促销管理执行程序、工作标准、考核指标、执行规范

任务 名称	执行程序、工作标准与考核指标
前期 规划	**执行程序** **1. 市场调查** ☆市场营销总监根据开业计划书和活动策划目标明确开业期间促销的目的 ☆市场营销部进行市场调查，分析竞争对手采取的促销方式及商品受众群体所喜爱的促销方式，整理、汇总并形成完整的市场调查报告 **2. 确定促销主题** 市场营销部根据市场调查报告确定开业促销主题，交于市场营销总监审核、总经理审批 **工作重点** 市场营销部应结合开业活动确定促销主题，保证开业期间相关营销的力度与时长统一 **工作标准** 分析标准：市场调查应从多维度出发，借用各种分析、推导工具
制定 方案	**执行程序** **1. 规划促销商品** 市场营销部联合运营部，规划参加开业促销的商品，制定详细的明细表 **2. 选择促销方式** ☆市场营销部根据开业的活动时长、促销目标，选择合适的促销方式，常见的促销方式包括满赠、满减、满返及秒杀等 ☆市场营销部选择促销方式后，制定相应的促销规则，尽量简单易懂，过于复杂的促销规则容易导致消费者放弃购买 **3. 确定促销方案** ☆市场营销部将促销相关信息进行整理，拟订完整的促销方案，并且需提前制定促销预算，交由市场营销总监审核。市场营销总监针对促销方案提出相应意见，市场营销部修改后将促销方案交于总经理审批 ☆市场营销部将审批通过的促销方案在公司内部进行发布 **工作重点** ☆市场营销部选择促销商品时需考虑多方面因素，如商品质量、成本、库存等 ☆市场营销部制定促销规则时需考虑受众群体，确保促销条件是消费者所能接受的 ☆市场营销部如选择秒杀的促销方式，则要充分考虑秒杀的目的及劣势，秒杀可以吸引新消费者，但对于老消费者并无太大效果，且不宜经常开展秒杀活动 **工作标准** 成本标准：活动预算不得超出财务预算

任务名称	执行程序、工作标准与考核指标
实施评估	**执行程序** **1. 平台促销** ☆市场营销部联合运营部，按照促销方案开展相关工作 ☆市场营销部需对后台销售数据进行每日监控，记录各项指标，填写相关记录表 **2. 促销效果评估** ☆市场营销部根据数据记录表，分析各项促销指标及最终达成的效果，并编制数据分析表 ☆市场营销总监根据数据分析表，分析促销活动中的不足和亮点，针对不足制定解决方案，然后编制促销总结报告并提交总经理审批，审批通过后将促销总结报告进行归档 **工作重点** 市场营销部开展促销活动时，需按照所制定的促销规则执行，不得玩"文字游戏"欺骗消费者，要树立良好的市场形象 **工作标准** 内容标准：促销总结报告的内容须完整详细、条理清晰，有数据、图表作为依据 **考核指标** 销售目标达成率：目标值达到＿＿＿%，用来衡量促销效果 $$销售目标达成率 = \frac{实际达成的销售额}{计划达成的销售额} \times 100\%$$
执行规范	
"促销活动市场调查报告""促销方案""促销总结报告"	

电商运营管理 流程设计与工作标准

5.6.1 开业费用预算流程设计

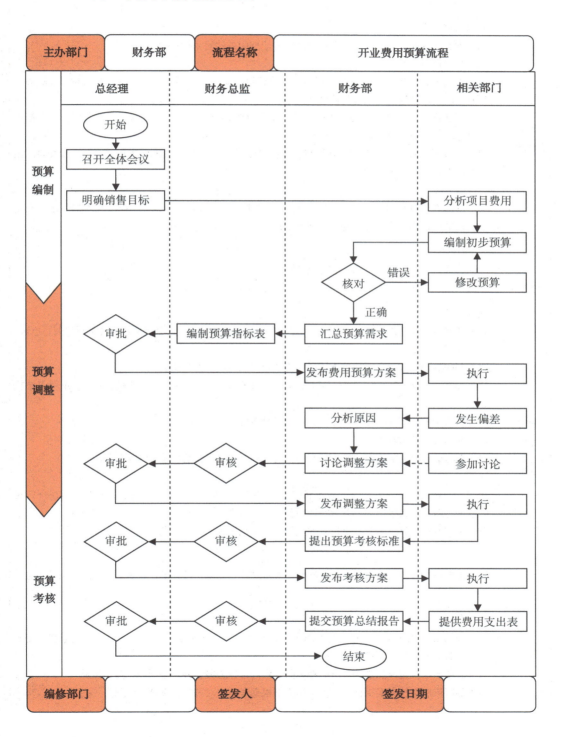

5.6.2　开业费用预算执行程序、工作标准、考核指标、执行规范

任务名称	执行程序、工作标准与考核指标
预算编制	**执行程序** **1. 明确销售目标** 　总经理召开全体会议，根据开业计划制定开业期间的销售目标 **2. 编制初步预算** ☆相关部门根据销售目标分析开业期间的项目费用，编制初步预算并交于财务部核对，如财务部核对有问题，则退回相关部门修改，直至核对无误 ☆财务部将相关部门的预算需求进行汇总，交于财务总监；财务总监依据汇总的预算需求编制预算指标表，并提交总经理审批 ☆财务部按照汇总的预算需求和预算指标表拟订预算方案，核查无误后在公司内部进行发布，相关部门按照预算方案执行工作 **工作重点** 　相关部门在做预算时，需要根据产品成本、包装成本、物流仓储成本、税金及附加等进行费用规划，如推广费用、管理费用等，结合成本进行合理、科学的财务预算 **工作标准** 　时间标准：＿＿＿个工作日内完成财务预算的编制工作
预算调整	**执行程序** **1. 发生偏差** 　相关部门在执行财务预算时，如因受市场波动的影响发生了偏差，须及时向财务部提出调整申请 **2. 分析原因** ☆财务部收到相关部门预算调整申请后，应快速采取行动，开展调查 ☆财务部组织召开讨论会，相关部门负责人共同参与讨论，分析产生问题的原因，并制定调整方案 ☆财务部将调整方案交于财务总监审核、总经理审批 **3. 发布并执行调整方案** 　财务部将通过审批的调整方案重新发布，相关部门按照调整后的预算方案执行 **工作重点** ☆相关部门在执行预算方案时，财务部应定期监控，观察预算实际执行情况，同时对市场进行实时监测，若发生较大波动，要及时调整预算，尽量降低意外损失 ☆财务部在制定预算方案时，可拟订相关的风险防范措施，尽量避免财务风险 **工作标准** 　风险标准：财务部制定风险防范措施时，应特别注意网络风险，要严格按照国家相关标准制定
预算考核	**执行程序** **1. 预算考核** ☆相关部门在执行预算方案时，财务部应根据各部门的工作属性，拟订相关预算考核标准，交于财务总监审核、总经理审批 ☆财务部依照审批通过的预算考核标准编制详细的考核方案，并在公司内部进行发布 ☆相关部门依照考核方案提交考核表，财务部根据考核表对其进行考评，记录考评数据

任务名称	执行程序、工作标准与考核指标
预算考核	**执行程序**
	2.预算总结 ☆相关部门将开业期间所有的费用支出制作成报表交于财务部 ☆财务部根据各部门提供的费用支出表、考核表等进行数据分析，总结开业期间财务预算的相关问题，编制预算总结报告，交于财务总监审核、总经理审批，并进行资料存档 **工作重点** 　　财务部进行预算考核时，不能按照统一标准对相关部门进行考核，要按照开业期间实际的工作任务进行考核
	工作标准
	考核标准：财务部按照各部门的实际工作任务制定不同级别的完成标准
	考核指标
	预算完成率：目标值达到＿＿＿%，用来衡量财务预算的实际完成情况 $$预算完成率 = \frac{实际预算额}{计划预算总额} \times 100\%$$
执行规范	
"财务预算需求表""预算指标表""预算方案"	

5.7 开业业绩分析流程设计与工作执行

5.7.1 开业业绩分析流程设计

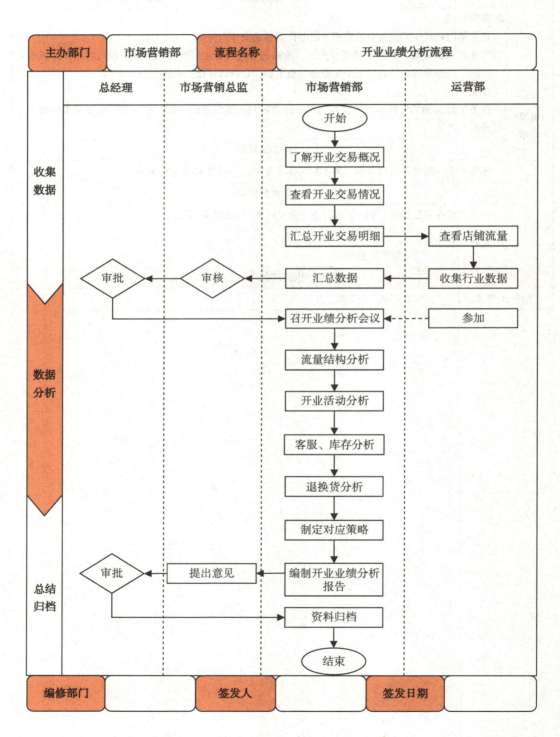

主办部门	市场营销部	流程名称	开业业绩分析流程

收集数据、数据分析、总结归档

总经理、市场营销总监、市场营销部、运营部

开始 → 了解开业交易概况 → 查看开业交易情况 → 汇总开业交易明细 → 查看店铺流量 → 收集行业数据 → 汇总数据 → 审核 → 审批 → 召开业绩分析会议 / 参加 → 流量结构分析 → 开业活动分析 → 客服、库存分析 → 退换货分析 → 制定对应策略 → 编制开业业绩分析报告 → 提出意见 → 审批 → 资料归档 → 结束

编修部门	签发人	签发日期

电商运营管理 流程设计与工作标准

5.7.2　开业业绩分析执行程序、工作标准、考核指标、执行规范

任务名称	执行程序、工作标准与考核指标
收集数据	**执行程序** **1. 查看开业交易情况** ☆市场营销部通过后台数据系统查看开业期间店铺的交易总览和交易趋势数据 ☆市场营销部借助店铺经营工具查看交易构成情况，包括终端构成、类目构成、品牌构成、价格带构成、资金回流构成这5个方面，并将这些数据整理汇总，编制详细的交易明细 **2. 收集行业数据** 运营部通过后台系统查看店铺流量概况，分析店铺流量来源，收集同行流量数据 **3. 汇总数据** 市场营销部将开业交易数据和运营部收集的同行业店铺流量数据进行汇总，制作成开业业绩报表，交于市场营销总监审核、总经理审批 **工作重点** 市场营销部收集开业交易数据时，不仅需要分析店铺自身的交易情况，还需要了解同时间段市场交易行情及竞争对手的交易数据，要全方位收集有效信息 **工作标准** 时间标准：＿＿＿个工作日内完成并提交开业业绩报表
数据分析	**执行程序** **1. 召开业绩分析会议** 市场营销部针对开业期间的销售业绩，组织召开分析会议，运营部及相关部门共同参与 **2. 业绩分析** ☆市场营销部就开业期间店铺流量进行结构化分析，可从店铺的整体流量分布结构、付费比例、推广费用等方面进行分析 ☆市场营销部对开业期间的活动进行分析，可从活动折扣力度及活动流量产出贡献值、活动效果等方面开展分析 ☆市场营销部查看客服部在开业期间的数据报表，分析客服的询盘数、询单转化率、客服催付成功率等内容 ☆市场营销部盘点仓库，查看库存状况，对库存总量、库存分布品类结构等进行分析 ☆市场营销部对退款情况及退款原因进行分析，查看消费者购买评价，从评价中总结问题 **3. 制定对应策略** 市场营销部依据以上数据分析的结果找出消费者退款的根本原因，并制定对应策略 **工作重点** 市场营销部分析数据时，应同时将店铺数据与行业、竞争对手的相关数据进行同比、环比分析 **工作标准** 分析标准：市场营销部分析业绩数据时，应按照店铺交易、流量、客服、库存等内容进行分析 **考核指标** 业绩目标达成率：目标值达到＿＿＿%，用来衡量开业业绩目标的实际达成情况 业绩目标达成率 $= \dfrac{\text{实际达成的业绩额}}{\text{计划达成的业绩额}} \times 100\%$

任务名称	执行程序、工作标准与考核指标
总结归档	**1. 编制开业业绩分析报告** 　　市场营销部将业绩分析会议的有效信息进行整理汇总，编制开业业绩分析报告，交于市场营销总监，并根据市场营销总监的指导意见进一步完善分析报告，然后交于总经理审批 **2. 资料归档** 　　市场营销部将审批通过的开业业绩分析报告存入相关档案库，妥善保管 **工作重点** 　　市场营销部编制业绩分析报告时，相关数据应精准无误，多用图表证明结论
	<div align="center">**工作标准**</div>
	编写标准：分析报告的内容、格式符合公文写作要求，书写规范，无错别字

执行规范
"交易分析表""流量分析表""开业业绩分析报告"

电商运营管理 流程设计与工作标准

6.1　电商营销与促销管理流程设计

6.1.1　流程设计目的

对电商营销与促销实施流程管理的目的如下：

（1）确保电商营销与促销工作全过程可控，保证营销与促销工作的质量；

（2）提高市场营销部等部门的工作效率，减少失误率与摩擦，提升部门管理质量；

（3）确保营销与促销管理中各项工作安排妥当，职责分工明确，流程井然有序。

6.1.2　流程结构设计

电商营销与促销管理流程结构将电商营销与促销管理细分为 16 个事项，分别就每个事项设计流程，具体的结构设计如图 6-1 所示。

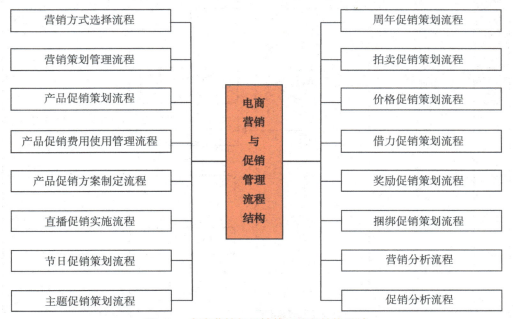

图 6-1　电商营销与促销管理流程结构设计

6.2.1 营销方式选择流程设计

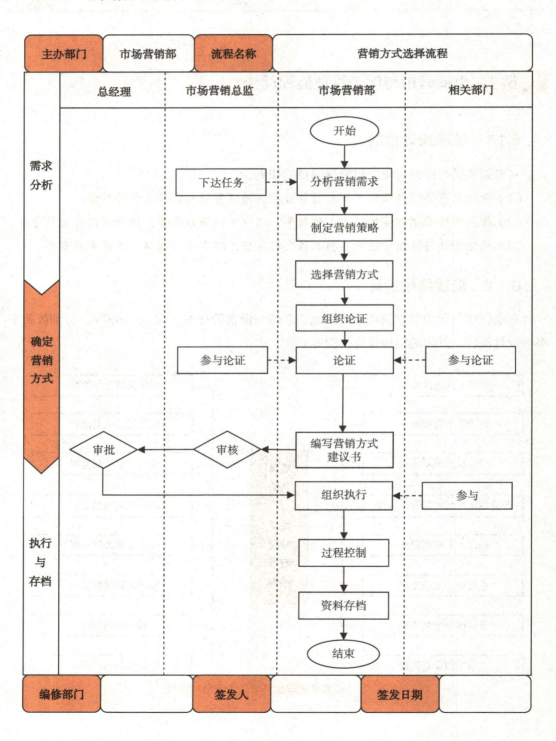

6.2.2　营销方式选择执行程序、工作标准、考核指标、执行规范

任务名称	执行程序、工作标准与考核指标
需求分析	**执行程序** **1. 分析营销需求** ☆市场营销部接到营销任务后，分析任务需求 ☆市场营销部主要分析营销任务需要达到的效果，并思考如何达到该效果 **2. 制定营销策略** ☆市场营销部根据营销需求制定营销策略 ☆市场营销部主要思考与确定营销的方式、预算、原则、途径等内容 **3. 选择营销方式** 　市场营销部选择一种或几种营销方式，准备对其展开论证 **工作重点** 　常见的营销方式有服务营销、体验营销、知识营销、情感营销、教育营销、差异化营销、直销、网络营销等，市场营销部要根据营销需求选择合适的营销方式 **工作标准** 　目标标准：通过分析营销需求，制定营销策略，选择合适的营销方式 **考核指标** 　制定营销策略的时间：应在____个工作日内完成
确定营销方式	**执行程序** **1. 论证** 　市场营销部组织其他部门（如财务部、客服部、设计部、技术部等）的有关人员对选择的营销方式进行可行性论证，市场营销总监参与论证 **2. 编写营销方式建议书** 　市场营销部将营销方式论证的全过程形成报告，编写营销方式建议书，阐述论证过程和结果，报市场营销总监审核、总经理审批，确定最终的营销方式 **工作重点** 　营销方式的可行性论证应请相关部门的专业人员参与，确保论证结果的科学性 **工作标准** ☆参照标准：营销方式建议书参照企业文书写作的有关要求编写 ☆目标标准：通过可行性论证确定合适的营销方式 **考核指标** ☆营销方式建议书一次性审核通过率：目标值为100% ☆营销方式建议书编写完成的时间：应在____个工作日内编写完成

任务名称	执行程序、工作标准与考核指标
执行与存档	**执行程序**
	1.组织执行 营销方式确定后，市场营销部分配任务、安排人员，组织执行后续营销工作 **2.资料存档** 市场营销部将营销方式选择流程产生的各类资料存档保管，方便后续查阅 **工作重点** 所有资料应存档保管、分类编号，避免随意丢弃或混乱存放
	工作标准
	质量标准：资料的存档符合企业有关规定，保存完好，无遗失或损坏
	执行规范
	"营销方式建议书""资料存档清单"

6.3 营销策划管理流程设计与工作执行

6.3.1 营销策划管理流程设计

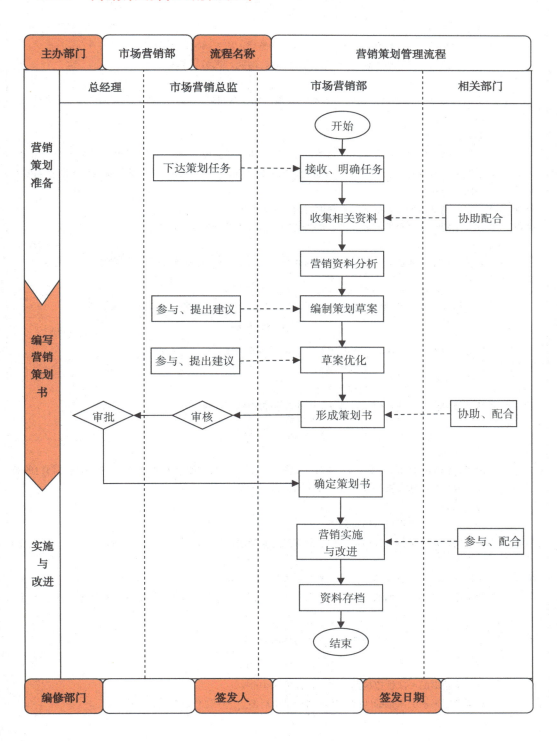

6.3.2 营销策划管理执行程序、工作标准、考核指标、执行规范

任务名称	执行程序、工作标准与考核指标
营销策划准备	**执行程序** **1. 接收、明确任务** ☆市场营销部接到市场营销总监的营销策划任务后，应先明确任务要求 ☆市场营销部要明确策划的目的、效果、预算、时间、人员等要求 **2. 收集相关资料** 市场营销部负责营销策划前期的资料收集工作，资料收集内容包括电商营销环境、市场状况、企业自身条件等 **3. 营销资料分析** ☆市场营销部负责对所收集的资料进行分析，分析方式主要有调研、召开会议、查看历史资料等 ☆市场营销部应通过对资料的分析掌握企业的市场动态、资源状况、市场销售情况及市场机会等内容 **4. 编制策划草案** ☆市场营销部根据收集的相关资料编制营销策划草案 ☆在编制营销策划草案的过程中，市场营销总监应给予指导，并提出意见 **工作重点** 营销策划草案的编制依据为策划目标的指导、营销资料的分析结果及电商市场的发展要求 **工作标准** 目标标准：根据策划任务要求有针对性地收集资料并进行分析，完成营销策划草案 **考核指标** ☆所收集资料的有效率：用来衡量资料收集工作的质量 $$所收集资料的有效率 = \frac{有效资料数}{全部资料数} \times 100\%$$ ☆策划草案编制完成的时间：应在____个工作日内编制完成
编写营销策划书	**执行程序** **1. 草案优化** 市场营销部组织相关部门（如财务、客服、设计等）就营销草案展开讨论，征询相关部门的意见，并根据意见对草案的内容进行优化与完善 **2. 形成策划书** ☆经过讨论，最终形成营销策划书 ☆市场营销部将策划书报市场营销总监审核、总经理审批，审批通过后方可执行 **工作重点** ☆讨论和论证方案时应请相关部门的专业人员参与，确保论证结果的科学性 ☆营销是一种相对长期的行为，策划书里要写明营销理念，后续营销活动都要根据这一理念进行 **工作标准** 参照标准：营销策划书参照企业文书写作的有关要求编写 **考核指标** ☆营销策划书的一次性审核通过率：目标值为 100% ☆营销策划书提交审批的时间：应在讨论结束后的____个工作日内提交审批

电商运营管理 流程设计与工作标准

任务名称	执行程序、工作标准与考核指标
实施与改进	**执行程序** **1. 营销实施与改进** ☆营销策划方案确定后，市场营销部分配任务、安排人员，准备开展营销工作 ☆其他相关部门按需要参与营销工作 ☆市场营销部要安排人员跟踪监督营销过程，把控工作进度，及时调整失误 **2. 资料存档** 　市场营销部将营销策划管理流程产生的各类资料存档保管，方便后续查阅 **工作重点** 　在营销具体实施过程中，可能会发生各类偏差，对此市场营销部要密切关注，发现问题后及时纠正 **工作标准** 　目标标准：通过营销策划，确保营销活动顺利开展
执行规范	
"营销策划书""资料存档清单"	

第6章 电商营销与促销管理

6.4　产品促销策划流程设计与工作执行

6.4.1　产品促销策划流程设计

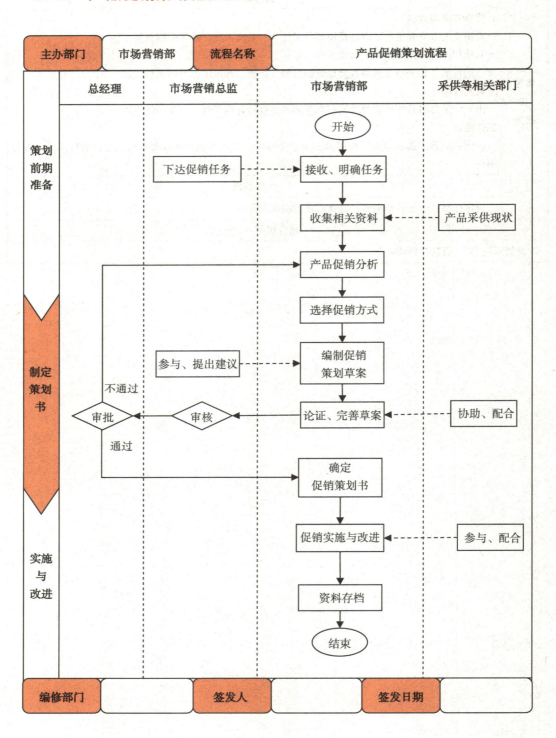

6.4.2 产品促销策划执行程序、工作标准、考核指标、执行规范

任务名称	执行程序、工作标准与考核指标
策划前期准备	**执行程序** **1. 接收、明确任务** ☆市场营销部接到市场营销总监下达的产品促销策划任务后，先明确任务要求 ☆市场营销部要明确产品促销策划的目的、效果、预算、时间、人员等要求 **2. 收集相关资料** ☆市场营销部负责进行产品促销策划前的资料收集工作 ☆主要收集产品的采购现状、相关产品销售情况、市场价格变动情况、友商推广情况等资料 **3. 产品促销分析** ☆市场营销部分析产品现状，以便根据产品现状进行促销筹划。产品现状主要是指采购成本、库存量、物流情况等内容 ☆市场营销部根据收集的资料分析产品市场，主要分析相关产品的价格波动、市场需求、平台政策等内容 **4. 选择促销方式** 市场营销部根据产品促销分析结果，结合实际情况选择一种或多种促销方式 **工作重点** ☆要密切关注电商平台的政策变动，在特殊假日、节日等期间平台往往会有特别推广活动 ☆常见的促销方式有直播促销、节日促销、主题促销、价格促销、捆绑促销等 **工作标准** 完成标准：市场营销部完成产品促销策划前期的信息收集与分析工作，并选择合适的促销方式 **考核指标** 所收集资料的有效率：用来衡量资料收集工作的质量 $$所收集资料的有效率 = \frac{有效资料数}{全部资料数} \times 100\%$$
制定策划书	**执行程序** **1. 编制促销策划草案** 市场营销部在市场营销总监的指导下，根据产品分析的结果，结合实际情况编制产品促销策划草案 **2. 论证、完善草案** ☆市场营销部组织有关部门人员召开论证会，对产品促销策划草案的内容进行优化与完善，最终形成产品促销策划书 ☆市场营销部将策划书报市场营销总监审核、总经理审批，审批通过后方可执行 **工作重点** 讨论和论证草案时应请相关部门的专业人员参与，确保论证结果的科学性 **工作标准** ☆参照标准：产品促销策划书参照企业文书写作的有关要求编制 ☆数量标准：草案的论证会议应至少有____人参与

（侧栏）第 6 章 电商营销与促销管理

任务名称	执行程序、工作标准与考核指标		
制定策划书	**考核指标**		
	☆产品促销策划书的一次性审核通过率：目标值为 100% ☆产品促销策划书提交审批的时间：应在论证会结束后____个工作日内提交审批		
实施与改进	**执行程序**		
	1. 促销实施与改进 ☆产品促销策划书确定后，市场营销部分配任务、安排人员，准备开展产品促销工作 ☆其他相关部门按需要参与工作 ☆市场营销部要安排人员跟踪监督促销过程，把控工作进度，及时调整失误 **2. 资料存档** 　市场营销部将产品促销策划工作产生的各类资料存档保管，方便后续查阅 **工作重点** 　在促销工作具体执行过程中，可能会发生各类偏差，对此市场营销部要密切关注，及时做出调整		
	工作标准		
	☆质量标准：资料的存档符合企业有关规定，保存完好，无遗失或损坏 ☆目标标准：通过对产品促销策划书实施过程的把控，策划任务圆满完成		
执行规范			
"××产品促销策划书""资料存档清单"			

电商运营管理 流程设计与工作标准

6.5 产品促销费用使用管理流程设计与工作执行

6.5.1 产品促销费用使用管理流程设计

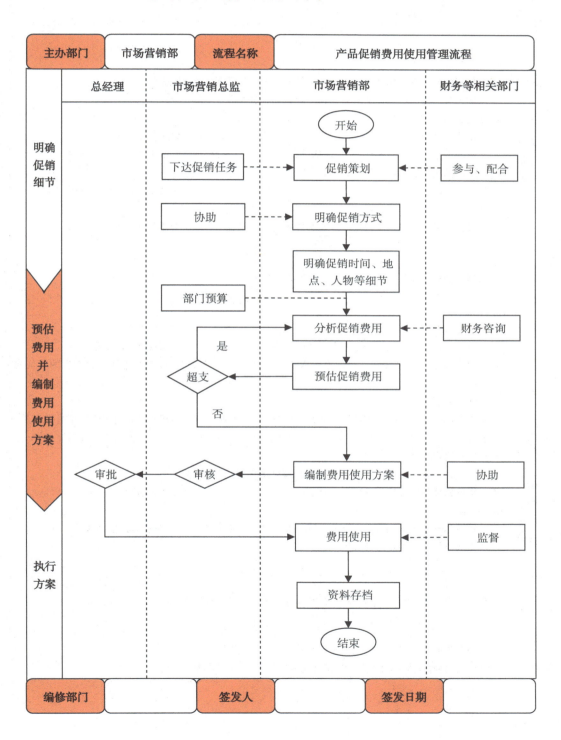

6.5.2 产品促销费用使用管理执行程序、工作标准、考核指标、执行规范

任务名称	执行程序、工作标准与考核指标
明确促销细节	**执行程序**
	1.促销策划
	☆市场营销部根据市场营销总监的促销任务要求，开展促销策划工作
	☆市场营销部构思产品促销的方式、时间、地点及人员安排等
	2.明确促销方式
	☆市场营销部根据产品促销分析结果，结合实际情况选择一种或多种促销方式
	☆常见的促销方式有直播促销、节日促销、主题促销、价格促销、捆绑促销等
	3.明确促销时间、地点、人物等细节
	市场营销部明确促销的时间、地点、相关人员、拟促销产品的采供现状及促销力度等信息
	工作重点
	市场营销部只有弄清促销工作涉及的各要素，才能做出准确的费用预估
	工作标准
	目标标准：市场营销部明确促销工作的各项要素
预估费用并编制费用使用方案	**执行程序**
	1.分析促销费用
	☆市场营销部根据市场营销总监提供的部门费用预算，在财务部的帮助下分析促销费用
	☆促销费用主要包括促销活动产生的人工费、材料费、广告费，以及在电商平台产生的其他费用等
	2.预估促销费用
	☆根据费用分析的结果，市场营销部对促销费用进行预估，并由市场营销总监判断费用是否超支
	☆若超支，则需要重新分析并预估费用；若未超支，并且费用预估合理，则可以开展后续工作
	3.编制促销费用使用方案
	☆市场营销部有关人员在财务部的帮助下编制促销费用使用方案
	☆市场营销部将方案报市场营销总监审核、总经理审批，审批通过后方可执行
	工作重点
	市场营销部要连同财务部一起科学预估促销费用，将促销费用控制在合理的范围内，从而使促销成本最小化、促销效果最大化
	工作标准
	参照标准：促销费用使用方案参照企业文书写作的有关要求编制
	考核指标
	☆促销费用使用方案的一次性审核通过率：目标值为100%
	☆促销费用使用方案编制完成的时间：应在____个工作日内编制完成

任务名称	执行程序、工作标准与考核指标
执行方案	**执行程序** **1. 费用使用** ☆促销工作开始后，市场营销部要按照促销费用使用方案合理使用促销费用 ☆财务部可派人监督费用的使用过程，并按规定开展费用报销等工作 **2. 资料存档** 　市场营销部将促销费用使用管理工作产生的各类资料存档保管，方便后续查阅 **工作重点** 　在促销费用使用过程中，可能会发生偏差，市场营销部应加强与财务部的联系，及时做出调整 **工作标准** ☆质量标准：资料的存档符合企业有关规定，保存完好，无遗失或损坏 ☆目标标准：通过对费用使用过程的把控，使产品促销费用得到合理使用
执行规范	
"××产品促销费用使用方案""资料存档清单"	

第6章　电商营销与促销管理

6.6 产品促销方案制定流程设计与工作执行

6.6.1 产品促销方案制定流程设计

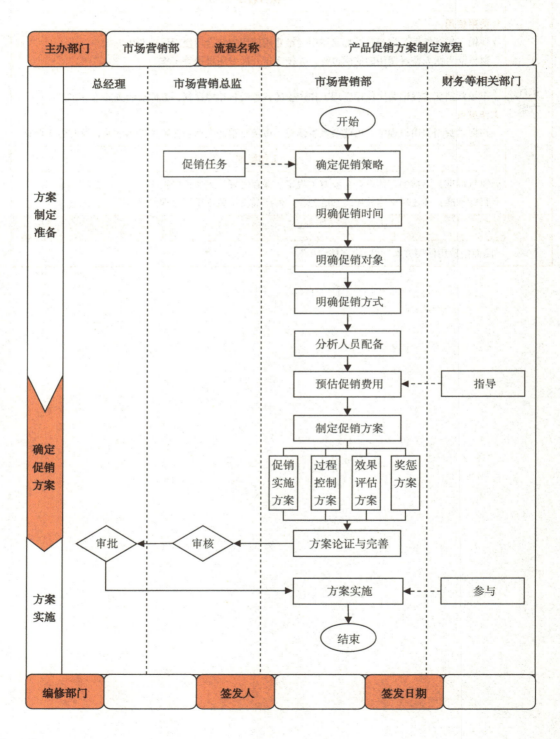

6.6.2 产品促销方案制定执行程序、工作标准、考核指标、执行规范

任务名称	执行程序、工作标准与考核指标
方案制定准备	**执行程序** **1.确定促销策略** ☆市场营销部根据市场营销总监的促销任务要求,开展促销策划工作 ☆市场营销部在促销策划工作中构思产品促销的方式、时间、地点、人员安排等要素 **2.明确促销时间** 　市场营销部应明确促销的时间,不同的月份、星期、早中晚时间段都可能对促销产生影响 **3.明确促销对象** 　促销对象是产品的最终流通对象,市场营销部要精准定位目标,根据对象设计促销活动 **4.明确促销方式** ☆市场营销部根据产品促销分析结果,结合实际情况选择一种或多种促销方式 ☆常见的促销方式有直播促销、节日促销、主题促销、价格促销、捆绑促销等 **5.分析人员配备** 　市场营销部根据促销方式、拟促销产品的数量分析需要的促销工作人员 **6.预估促销费用** 　市场营销部在财务部工作人员的协助下对促销费用进行合理预估,以便编制费用使用计划 **工作重点** 　在促销方案制定之前,市场营销部工作人员要将促销工作涉及的所有要素分析清楚,得到所有要素的分析结果后再编制方案 **工作标准** 目标标准:市场营销部明确促销工作的各项要素
确定促销方案	**执行程序** **1.制定促销方案** ☆市场营销部根据前期准备的结果制定促销方案 ☆促销方案应包括促销实施、过程控制、效果评估、后期奖惩四个方面 **2.方案论证与完善** ☆促销方案制定后,市场营销部应组织开展论证,尽可能请更多相关部门的专业人员对方案的可行性进行讨论 ☆论证完成后,市场营销部将最终确定的产品促销方案报市场营销总监审核、总经理审批,通过后方可执行 **工作重点** 　促销方案不能只是执行方案,从执行到控制再到后期评估要面面俱到、兼顾全局、体现全流程 **工作标准** ☆参照标准:促销方案参照企业文书写作的有关要求编制 ☆数量标准:方案论证参与人员至少应有____人 **考核指标** ☆促销方案的一次性审核通过率:目标值为100% ☆促销方案的完成时间:应在____个工作日内完成

任务名称	执行程序、工作标准与考核指标
方案实施	**执行程序** 方案完成后，市场营销部可组织人员按方案内容分配任务，开始产品促销工作 **工作重点** ☆方案实施过程中要注意过程控制，及时调整失误 ☆促销完成后要及时总结，评估促销效果 **工作标准** 目标标准：圆满完成促销任务 **考核指标** 工作失误的反应与调整时间：若出现失误，应在＿＿＿小时内做出反应与调整
执行规范	
"××产品促销方案"	

6.7 直播促销实施流程设计与工作执行

6.7.1 直播促销实施流程设计

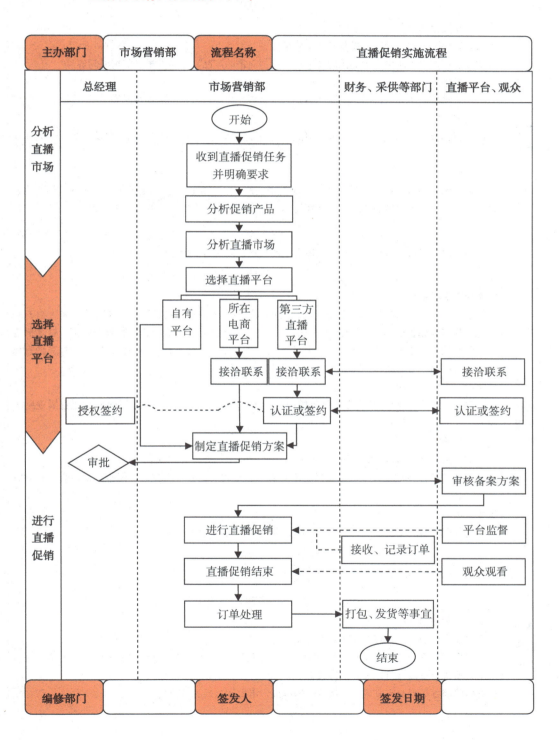

6.7.2 直播促销实施执行程序、工作标准、考核指标、执行规范

任务名称	执行程序、工作标准与考核指标
分析直播市场	**执行程序** **1.收到直播促销任务并明确要求** ☆市场营销部收到直播促销任务后开始前期准备 ☆市场营销部需要明确直播促销的要求，包括拟促销的产品、促销效果、促销时间等 **2.分析促销产品** 市场营销部应明确拟促销的产品，确认产品名称、功能、数量、采供情况等 **3.分析直播市场** 市场营销部分析直播市场，了解主流的直播平台和常见的直播促销形式，以及直播促销的运作模式与促销效果 **工作重点** 直播促销是一种重要的促销方式，它对促销的产品、商家资格有一定要求，市场营销部要明确这些要求，确认拟促销的产品符合直播促销规范，以及所在商家主体具备直播资格 **工作标准** 目标标准：通过对拟促销产品和直播市场的分析，明确直播促销的大致思路
选择直播平台	**执行程序** **1.选择直播平台** 市场营销部根据拟促销的产品选择合适的促销平台，一般有三种情况：一是商家具备在自有平台进行直播促销的能力，这种情况一般较少；二是与所在电商平台合作进行直播促销，这是最为常见的直播促销模式，如商家在其入驻的淘宝、拼多多等平台进行直播促销；三是选择其他直播平台进行促销 **2.接洽联系** 除自有直播平台外，市场营销部要做好与其他直播平台的接洽工作，明确平台的直播规则与要求 **3.认证或签约** ☆首次在某平台直播时，需要进行直播认证 ☆若打算长期在该平台直播，可选择与平台签约，签约后会有平台扶持，但也相应地会有直播时长限制 **工作重点** 市场营销部若决定与直播平台签约，则必须得到总经理的确认与授权 **工作标准** 目标标准：通过接洽与联系，最终与直播平台签约
进行直播促销	**执行程序** **1.制定直播促销方案** ☆无论在哪个平台进行直播促销，都需要制定直播促销方案 ☆直播促销方案应包括拟促销的产品介绍、直播时长、直播出镜人员与协助工作人员安排、直播工具准备、直播订单处理办法等内容 ☆直播促销方案制定完成后，应请总经理审批，审批通过后方可执行

任务名称	执行程序、工作标准与考核指标
进行直播促销	**执行程序** **2. 审核备案方案** 　市场营销部应将直播方案报直播平台审核备案，确保文明、规范直播 **3. 进行直播促销** ☆市场营销部根据直播促销方案，安排人员开始直播促销，向观众推荐产品，引导其下单购买 **4. 直播促销结束** ☆直播促销结束时，直播人员应感谢观众关注支持，告知观众下次直播时间 ☆直播人员要及时切断直播推流，避免因忘记切断推流数据导致信息泄露 **5. 订单处理** ☆直播促销结束后，市场营销部要对直播期间收到的订单统一审核，对问题订单进行确认 ☆市场营销部要及时统计订单数量，总结此次直播促销效果，编制直播促销销量统计表 **6. 打包、发货等事宜** 　财务部确认订单付款情况后，采供部应及时按照订单要求对产品进行打包，安排发货 **工作重点** ☆直播促销过程中，参与直播的工作人员要注意遵守平台的直播规范 ☆直播促销过程中，直播人员要积极与观众互动 ☆直播结束后，相关工作人员要尽快审核订单，对有疑问的订单，须及时与买家联系确认 **工作标准** ☆目标标准：直播促销达到预期效果，产品销售情况达到预期标准 ☆质量标准：直播过程文明、规范，直播人员与观众沟通交流情况良好 **考核指标** ☆直播促销销量，应不低于预期销量的____% ☆直播间人气值，应不低于预期人气值的____% ☆直播时长，每次直播应不低于____小时
执行规范	
"××直播促销方案""××直播平台签约合同""××产品直播促销销量统计表"	

6.8.1　节日促销策划流程设计

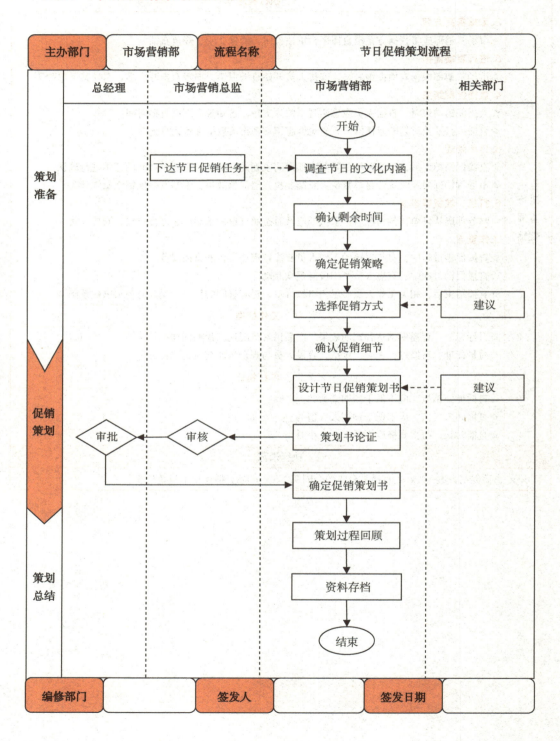

主办部门	市场营销部	流程名称	节日促销策划流程

6.8.2 节日促销策划执行程序、工作标准、考核指标、执行规范

任务名称	执行程序、工作标准与考核指标
策划准备	**执行程序** **1. 调查节日的文化内涵** 市场营销部收到节日促销任务后，先确认该节日有何文化内涵，以便根据其特点设计促销活动 **2. 确认剩余时间** 市场营销部应确认策划开始至节日到来剩余的时间，以便妥善安排 **3. 确定促销策略** 市场营销部根据节日特点确定促销策略，明确促销的预期效果、促销理念、促销原则等 **4. 选择促销方式** 市场营销部根据节日特点和促销策略选择一种或多种促销方式 **5. 确认促销细节** 市场营销部确认促销力度、促销人员、拟促销产品现状、促销目标、促销人员安排、促销活动费用等细节 **工作重点** 不同的节日有不同的文化内涵，了解这些文化内涵后，市场营销部可将其与产品的包装、促销口号、促销时间等内容相结合 **工作标准** 完成标准：市场营销部完成节日促销策划的前期准备工作
促销策划	**执行程序** **1. 设计节日促销策划书** 市场营销部设计节日促销策划书，节日促销策划书的内容应包括促销目标、资源配置情况、活动开展细节、活动时间及人员配备等 **2. 策划书论证** ☆市场营销部组织相关人员对节日促销策划书进行论证，检查策划书漏洞，确保策划书科学合理 ☆论证完毕后，市场营销部将完善的节日促销策划书报市场营销总监审核、总经理审批，审批通过后方可执行 **工作重点** 节日促销策划书设计完毕后一定要组织论证，核查有无漏洞 **工作标准** 质量标准：节日促销策划书的内容完整、结构清晰、审批通过率高 **考核指标** ☆节日促销策划书的完成时间：应在＿＿＿个工作日内完成 ☆节日促销策划书的一次性审核通过率：目标值为100%
策划总结	**执行程序** **1. 策划过程回顾** ☆策划完成后，市场营销部应回顾策划过程，总结策划经验 ☆市场营销部可编写节日促销策划总结报告，便于指导后续工作

任务名称	执行程序、工作标准与考核指标
策划总结	**执行程序**
	2. 资料存档 　　市场营销部应将节日促销策划工作产生的资料分类整理，存档保管 **工作重点** 　　市场营销部应及时回顾策划全过程，这样有利于积累宝贵的策划经验，方便下次策划工作的开展
	工作标准
	☆目标标准：策划过程得到总结，策划经验得到学习 ☆质量标准：节日促销策划总结报告的内容完整、结构清晰 ☆参照标准：节日促销策划总结报告参照企业文书写作规范编制
	考核指标
	☆节日促销策划总结报告编制完成的时间：应在____个工作日内编制完成 ☆资料存档失误率：目标值为 0
	执行规范
	"××节日促销策划书""节日促销策划总结报告""资料存档清单"

6.9 主题促销策划流程设计与工作执行

6.9.1 主题促销策划流程设计

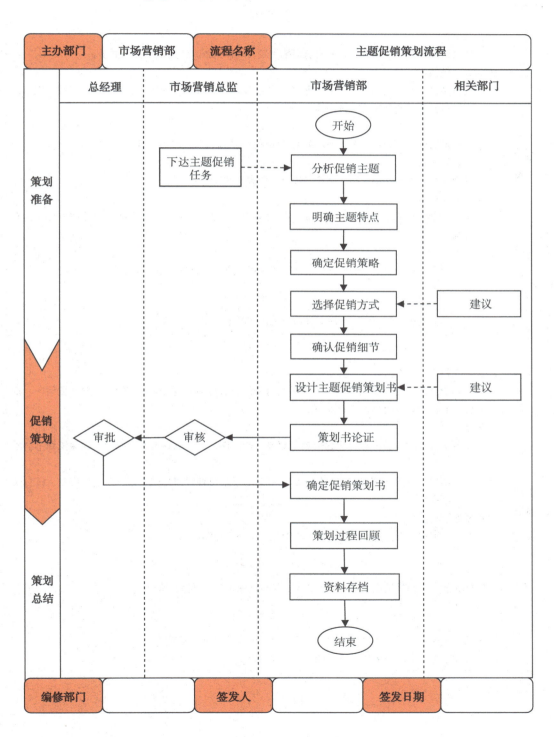

6.9.2　主题促销策划执行程序、工作标准、考核指标、执行规范

任务名称	执行程序、工作标准与考核指标
策划准备	**执行程序** **1.分析促销主题** 　市场营销部收到促销任务后，先确认促销主题，以便根据其特点设计促销活动 **2.明确主题特点** 　市场营销部应围绕时事热点、社会形势、特殊日期等确认主题特点，当主题围绕特殊日期策划时，主题促销就可能会变成节日促销 **3.确定促销策略** 　市场营销部根据主题特点确定促销策略，明确促销的预期效果、促销理念、促销原则等 **4.选择促销方式** 　市场营销部根据主题特点和促销策略选择一种或多种促销方式 **5.确认促销细节** 　市场营销部确认促销力度、促销人员、拟促销产品现状、促销目标、促销人员安排、促销活动费用等细节 **工作重点** 　市场营销部选择的促销主题要积极向上，体现正能量，符合社会主流价值观 **工作标准** 　完成标准：市场营销部完成主题促销策划的前期准备工作
促销策划	**执行程序** **1.设计主题促销策划书** 　市场营销部设计主题促销策划书，主题促销策划书的内容应包括促销目标、资源配置情况、活动开展细节、活动时间及人员配备等 **2.策划书论证** ☆市场营销部组织相关人员对主题促销策划书进行论证，检查策划书有无漏洞，确保策划书科学合理 ☆论证完毕后，市场营销部将完善的主题促销策划书报市场营销总监审核、总经理审批，审批通过后方可执行 **工作重点** 　主题促销策划书设计完毕后一定要组织论证，检查有无漏洞 **工作标准** 　质量标准：主题促销策划书的内容完整、结构清晰、审批通过率高 **考核指标** ☆主题促销策划书编制完成的时间：应在____个工作日内编制完成 ☆主题促销策划书的一次性审核通过率：目标值为100%

任务名称	执行程序、工作标准与考核指标
策划总结	**执行程序** **1. 策划过程回顾** ☆策划完成后，市场营销部应回顾策划过程，总结策划经验 ☆市场营销部可编写主题促销策划总结报告，便于指导后续工作 **2. 资料存档** 　市场营销部应将主题促销策划工作产生的资料分类整理，存档保管 **工作重点** 　市场营销部应及时回顾策划全过程，这样有利于积累宝贵的策划经验，方便下次策划工作的开展 **工作标准** ☆目标标准：策划过程得到总结，策划经验得到学习 ☆质量标准：主题促销策划总结报告的内容完整、结构清晰 ☆参照标准：主题促销策划总结报告参照企业文书写作规范编制 **考核指标** ☆主题促销策划总结报告编制完成的时间：应在＿＿＿个工作日内编制完成 ☆资料存档失误率：目标值为 0
执行规范	
"××主题促销策划书""主题促销策划总结报告""资料存档清单"	

第6章——电商营销与促销管理

6.10 周年促销策划流程设计与工作执行

6.10.1 周年促销策划流程设计

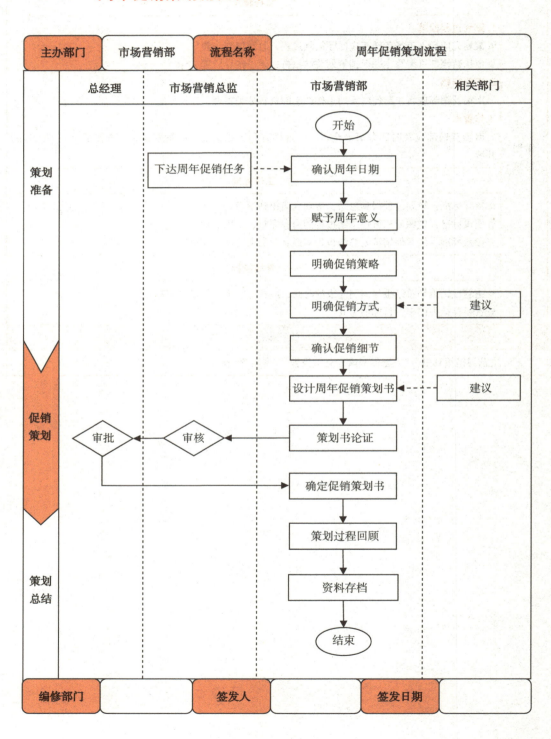

主办部门	市场营销部	流程名称	周年促销策划流程

电商运营管理 流程设计与工作标准

6.10.2　周年促销策划执行程序、工作标准、考核指标、执行规范

任务名称	执行程序、工作标准与考核指标
策划准备	**执行程序** **1.确认周年日期** 市场营销部收到周年促销任务后，先要确认周年日期，以便提前准备 **2.赋予周年意义** 市场营销部应赋予周年意义，将历史经验和未来规划与促销相结合，构思周年促销的主题、宣传语等内容 **3.确定促销策略** 市场营销部根据策划的周年主题确定促销策略，明确促销的预期效果、促销理念、促销原则等 **4.选择促销方式** 市场营销部根据周年主题特点和促销策略选择一种或多种促销方式 **5.确认促销细节** 市场营销部确认促销力度、促销人员、拟促销产品现状、促销目标、促销人员安排、促销活动费用等细节 **工作重点** 周年促销可以是一天，也可以是一个时间段，市场营销部应事先策划周年促销的持续时间 **工作标准** 完成标准：市场营销部完成周年促销策划的前期准备工作
促销策划	**执行程序** **1.设计周年促销策划书** 市场营销部设计周年促销策划书，周年促销策划书的内容应包括促销目标、资源配置情况、活动开展细节、活动时间及人员配备等 **2.策划书论证** ☆市场营销部组织相关人员对促销策划书进行论证，检查策划书有无漏洞，确保策划书科学合理 ☆论证完毕后，市场营销部将完善的促销策划书报市场营销总监审核、总经理审批，审批通过后方可执行 **工作重点** 周年促销策划书设计完毕后一定要组织论证，检查有无漏洞 **工作标准** 质量标准：周年促销策划书内容完整、结构清晰、审批通过率高 **考核指标** ☆周年促销策划书编制完成的时间：应在____个工作日内编制完成 ☆周年促销策划书的一次性审核通过率：目标值为100%

任务名称	执行程序、工作标准与考核指标
策划总结	**执行程序** **1.策划过程回顾** ☆策划完成后，市场营销部应回顾策划过程，总结策划经验 ☆市场营销部可编写周年促销策划总结报告，便于指导后续工作 **2.资料存档** 　市场营销部应将周年促销策划工作产生的资料分类整理，存档保管 **工作重点** 　市场营销部应及时回顾策划全过程，这样有利于积累宝贵的策划经验，方便下次策划工作的开展 **工作标准** ☆目标标准：策划过程得到总结，策划经验得到学习 ☆质量标准：周年促销策划总结报告的内容完整、结构清晰 ☆参照标准：周年促销策划总结报告参照企业文书写作规范编制 **考核指标** ☆周年促销策划总结报告编制完成的时间：应在____个工作日内编制完成 ☆资料存档失误率：目标值为 0
执行规范	
"××店铺××周年促销策划书""周年促销策划总结报告""资料存档清单"	

6.11 拍卖促销策划流程设计与工作执行

6.11.1 拍卖促销策划流程设计

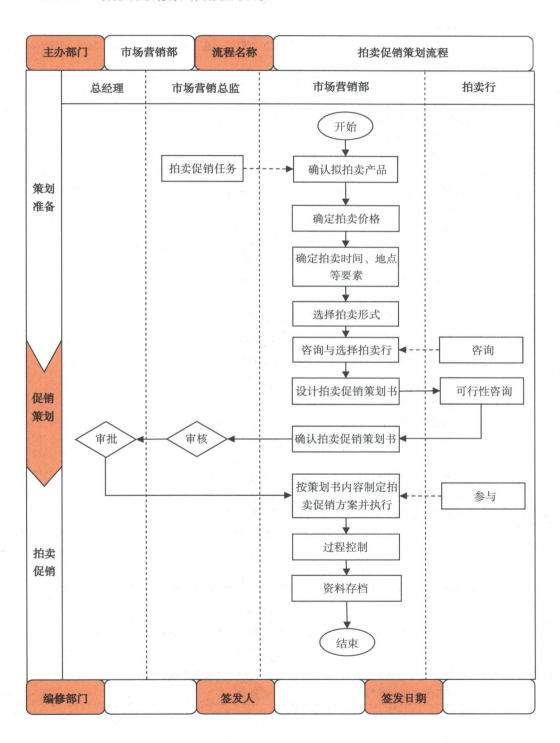

6.11.2 拍卖促销策划执行程序、工作标准、考核指标、执行规范

任务名称	执行程序、工作标准与考核指标
策划准备	**执行程序** **1. 确认拟拍卖产品** ☆市场营销部收到拍卖促销任务后，先确认拟拍卖促销产品，明确产品的名称、数量、采购现状、价格等 ☆市场营销部应选择含义特殊、价值较高、具有特殊纪念意义或收藏价值的产品进行拍卖促销 **2. 确认拍卖价格** 市场营销部根据产品的销售情况、成本等要素确定拍卖价格，这个价格是拍卖的起价 **3. 确定拍卖时间、地点等要素** 市场营销部应事先确定拍卖促销开始的时间、地点、参与人员等 **4. 选择拍卖形式** 市场营销部根据产品特点选择一种或多种拍卖形式。在拍卖促销中，常见的拍卖形式有集会式拍卖、展览室拍卖、电视拍卖等 **5. 咨询与选择拍卖行** ☆举行拍卖活动需要跟有资质的拍卖行合作，市场营销部应该事先调查拍卖行的情况，并向其进行咨询 ☆市场营销部经过调查与咨询，确定拟合作的拍卖行 **工作重点** 一定要与正规、有资质的拍卖行合作，避免上当受骗 **工作标准** 完成标准：市场营销部完成拍卖促销策划的前期准备工作
促销策划	**执行程序** **1. 设计拍卖促销策划书** 市场营销部设计拍卖促销策划书，内容包括促销形式、促销产品介绍、拍卖价格、拍卖流程，以及拍卖促销开始的时间、地点、参与人员等 **2. 可行性咨询** 市场营销部向拍卖行咨询策划书的可行性，请其提供指导意见 **3. 确认拍卖促销策划书** ☆市场营销部根据拍卖行的意见对策划书进行修改完善 ☆市场营销部将完善后的拍卖促销策划书报市场营销总监审核、总经理审批，审批通过后方可执行 **工作重点** 市场营销部在向拍卖行咨询时，要注意结合本企业 / 店铺的实际情况，不能盲目听从建议 **工作标准** 质量标准：拍卖促销策划书的内容完整、结构清晰、审批通过率高 **考核指标** ☆拍卖促销策划书编制完成的时间：应在____个工作日内编制完成 ☆拍卖促销策划书的一次性审核通过率：目标值为 100%

任务名称	执行程序、工作标准与考核指标
拍卖促销	**执行程序**
	1.按策划书内容制定拍卖促销方案并执行 　策划完成后，市场营销部应根据策划内容，制定具体的拍卖促销方案，并安排人员、分配任务、组织执行 **2.资料存档** 　市场营销部应将拍卖促销策划工作产生的资料分类整理，存档保管 **工作重点** 　资料存档要符合程序，不能自行销毁重要文件
	工作标准
	参照标准：拍卖促销策划书参照企业文书写作规范编制
	考核指标
	资料存档失误率：目标值为 0
执行规范	
"拍卖促销策划书""资料存档清单"	

第6章 ｜ 电商营销与促销管理

6.12.1　价格促销策划流程设计

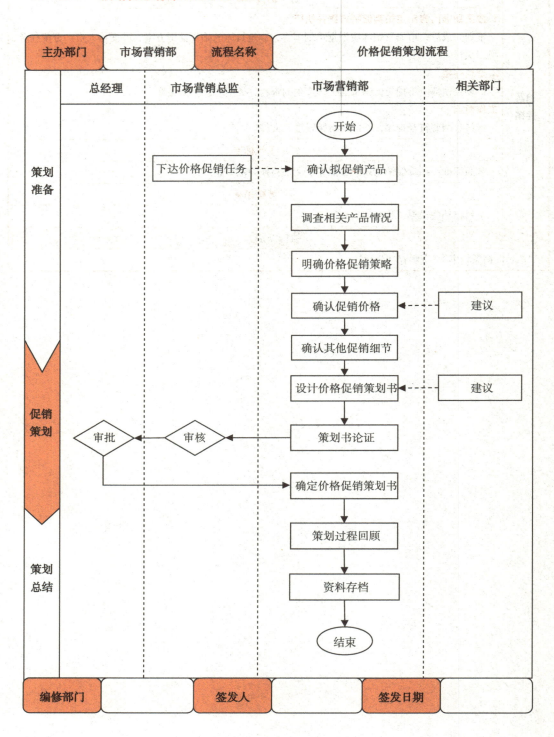

6.12.2　价格促销策划执行程序、工作标准、考核指标、执行规范

任务名称	执行程序、工作标准与考核指标
策划准备	**执行程序** **1. 确认拟促销产品** 　市场营销部收到价格促销任务后，先确认拟进行价格促销的产品 **2. 调查相关产品情况** ☆市场营销部需要调查拟促销产品的名称、现行价格、往期销量、采供现状等 ☆市场营销部还需要调查市场上相关竞争产品的价格、销量、促销手段等 **3. 明确价格促销策略** 　市场营销部组织讨论，根据产品情况和市场情况确定促销策略，内容包括效果要求、促销原则等 **4. 确认促销价格** 　市场营销部根据产品的当前情况和市场相关竞品情况，确定一个具有竞争力的促销价格 **5. 确认促销细节** 　市场营销部确认促销力度、促销人员、拟促销产品现状、促销目标、促销人员安排、促销活动费用等细节 **工作重点** 　促销价格要保证有竞争力，但也不可定得太低，否则会导致无法盈利 **工作标准** 　完成标准：市场营销部完成价格促销策划的前期准备工作
促销策划	**执行程序** **1. 设计价格促销策划书** 　市场营销部设计价格促销策划书，内容包括促销目标、资源配置情况、促销实施细节、活动时间及人员配备等 **2. 策划书论证** ☆市场营销部组织相关人员对价格促销策划书进行论证，检查策划书有无漏洞，确保策划书科学合理 ☆论证完毕，市场营销部将完善后的价格促销策划书报市场营销总监审核、总经理审批，审批通过后方可执行 **工作重点** 　价格促销策划书设计完毕后一定要组织论证，检查有无漏洞 **工作标准** 　质量标准：价格促销策划书的内容完整、结构清晰、审批通过率高 **考核指标** ☆价格促销策划书编制完成的时间：应在____个工作日内编制完成 ☆价格促销策划书的一次性审核通过率：目标值为 100%

（续表）

任务名称	执行程序、工作标准与考核指标
策划总结	**执行程序** **1.策划过程回顾** ☆策划完成后，市场营销部应回顾策划过程，总结策划经验 ☆市场营销部可编写价格促销策划总结报告，便于指导后续工作 **2. 资料存档** 　市场营销部应将价格促销策划工作产生的资料分类整理，存档保管 **工作重点** 　市场营销部应及时回顾策划全过程，这样有利于积累宝贵的策划经验，方便下次策划工作的开展 **工作标准** ☆目标标准：策划过程得到总结，策划经验得到学习 ☆质量标准：价格促销策划总结报告的内容完整、结构清晰 ☆参照标准：价格促销策划总结报告参照企业文书写作规范编制 **考核指标** ☆价格促销策划总结报告编制完成的时间：应在＿＿＿个工作日内编制完成 ☆资料存档失误率：目标值为 0
	执行规范
	"价格促销策划书""价格促销策划总结报告""资料存档清单"

电商运营管理 流程设计与工作标准

6.13 借力促销策划流程设计与工作执行

6.13.1 借力促销策划流程设计

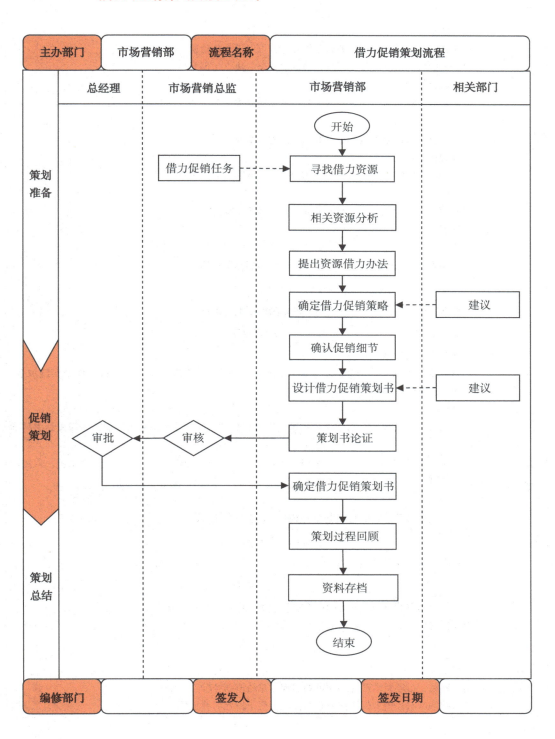

6.13.2 借力促销策划执行程序、工作标准、考核指标、执行规范

任务名称	执行程序、工作标准与考核指标
策划准备	**执行程序** **1.寻找借力资源** ☆市场营销部收到借力促销任务后，先要寻找可以借力的资源 ☆可以借力的资源包括品牌、用户、渠道、资金、热点、创意等 **2.相关资源分析** 市场营销部分析拟借力资源的情况，思考如何完成资源借力 **3.提出资源借力办法** 市场营销部提出资源借力办法，形成具体的方案或计划 **4.确定借力促销策略** 市场营销部将拟促销产品与借力资源相结合，确定借力促销策略 **5.确认促销细节** 市场营销部确认促销力度、促销人员、拟促销产品现状、促销目标、促销人员安排、促销活动费用等细节 **工作重点** 企业要在力所能及的范围内借力促销，不能滥用外部资源 **工作标准** 完成标准：市场营销部完成借力促销策划的前期准备工作
促销策划	**执行程序** **1.设计借力促销策划书** 市场营销部设计借力促销策划书，内容包括促销目标、内外部资源配置情况、促销实施细节、活动时间、人员配备等 **2.策划书论证** ☆市场营销部组织相关人员对借力促销策划书进行论证，检查策划书有无漏洞，确保策划书科学合理 ☆论证完毕，市场营销部将完善后的借力促销策划书报市场营销总监审核、总经理审批，审批通过后方可执行 **工作重点** 借力促销策划书设计完毕后一定要组织论证，检查有无漏洞 **工作标准** 质量标准：借力促销策划书的内容完整、结构清晰、审批通过率高 **考核指标** ☆借力促销策划书编制完成的时间：应在____个工作日内编制完成 ☆借力促销策划书的一次性审核通过率：目标值为100%
策划总结	**执行程序** **1.策划过程回顾** ☆策划完成后，市场营销部应回顾策划过程，总结策划经验 ☆市场营销部可编写借力促销策划总结报告，便于指导后续工作

任务名称	执行程序、工作标准与考核指标
策划总结	**执行程序** **2.资料存档** 　市场营销部应将借力促销策划工作产生的资料分类整理，存档保管 **工作重点** 　市场营销部应及时回顾策划全过程，这样有利于积累宝贵的策划经验，方便下次策划工作的开展
	工作标准 ☆目标标准：策划过程得到总结，策划经验得到学习 ☆质量标准：借力促销策划总结报告的内容完整、结构清晰 ☆参照标准：借力促销策划总结报告参照企业文书写作规范编制
	考核指标 ☆借力促销策划总结报告编制完成的时间：应在＿＿个工作日内编制完成 ☆资料存档失误率：目标值为 0
执行规范	
"借力促销策划书""借力促销策划总结报告""资料存档清单"	

6.14.1　奖励促销策划流程设计

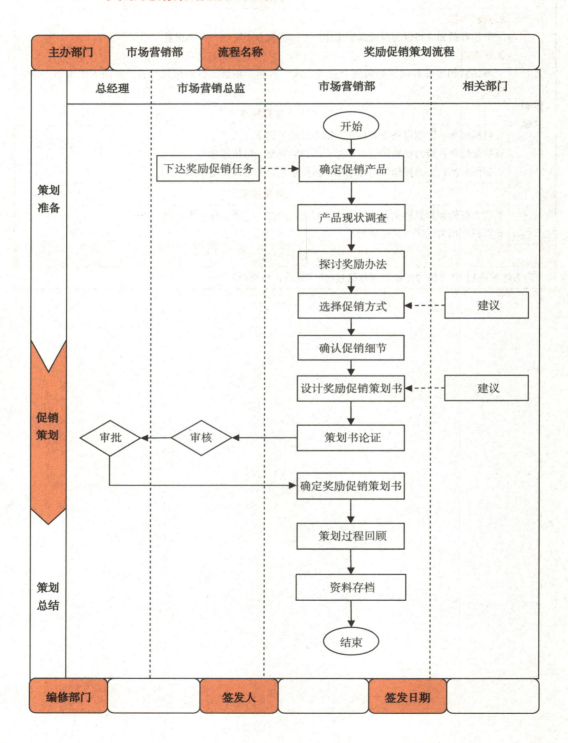

6.14.2 奖励促销策划执行程序、工作标准、考核指标、执行规范

任务名称	执行程序、工作标准与考核指标
策划准备	**执行程序** **1.确定促销产品** 　市场营销部收到奖励促销任务后，先确定拟促销产品 **2.产品现状调查** 　市场营销部开展产品现状调查，确定产品的名称、数量、价格、采供现状等 **3.探讨奖励办法** 　市场营销部组织相关人员探讨奖励办法，设置奖励机制与形式 **4.选择促销方式** 　市场营销部根据产品特点选择一种或多种促销方式 **5.确认促销细节** 　市场营销部确认促销力度、促销人员、拟促销产品现状、促销目标、促销人员安排、促销活动费用等细节 **工作重点** 　奖励设置要合理，能够起到激励作用。最终应该是大部分人都获得奖励，但只有少数人获得高额、重大奖励 **工作标准** 　完成标准：市场营销部完成奖励促销策划的前期准备工作
促销策划	**执行程序** **1.设计奖励促销策划书** 　市场营销部设计奖励促销策划书，内容包括促销目标、促销资源配置情况、促销实施细节、活动时间、人员配备及奖励办法等 **2.策划书论证** ☆市场营销部组织相关人员对奖励促销策划书进行论证，检查策划书有无漏洞，确保策划书科学合理 ☆论证完毕，市场营销部将完善后的奖励促销策划书报市场营销总监审核、总经理审批，审批通过后方可执行 **工作重点** 　奖励促销策划书设计完毕后一定要组织论证，检查有无漏洞 **工作标准** 　质量标准：奖励促销策划书的内容完整、结构清晰、审核通过率高 **考核指标** ☆奖励促销策划书编制完成的时间：应在____个工作日内编制完成 ☆奖励促销策划书的一次性审核通过率：目标值为 100%
策划总结	**执行程序** **1.策划过程回顾** ☆策划完成后，市场营销部应回顾策划过程，总结策划经验 ☆市场营销部可编写奖励促销策划总结报告，便于指导后续工作

任务名称	执行程序、工作标准与考核指标
策划总结	**执行程序** **2. 资料存档** 　　市场营销部应将奖励促销策划工作产生的资料分类整理，存档保管 **工作重点** 　　市场营销部应及时回顾策划全过程，这样有利于积累宝贵的策划经验，方便下次策划工作的开展 **工作标准** ☆目标标准：策划过程得到总结，策划经验得到学习 ☆质量标准：奖励促销策划总结报告的内容完整、结构清晰 ☆参照标准：奖励促销策划总结报告参照企业文书写作规范编制 **考核指标** ☆奖励促销策划总结报告编制完成的时间：应在____个工作日内编制完成 ☆资料存档失误率：目标值为 0
执行规范	
"奖励促销策划书""奖励促销策划总结报告""资料存档清单"	

6.15.1 捆绑促销策划流程设计

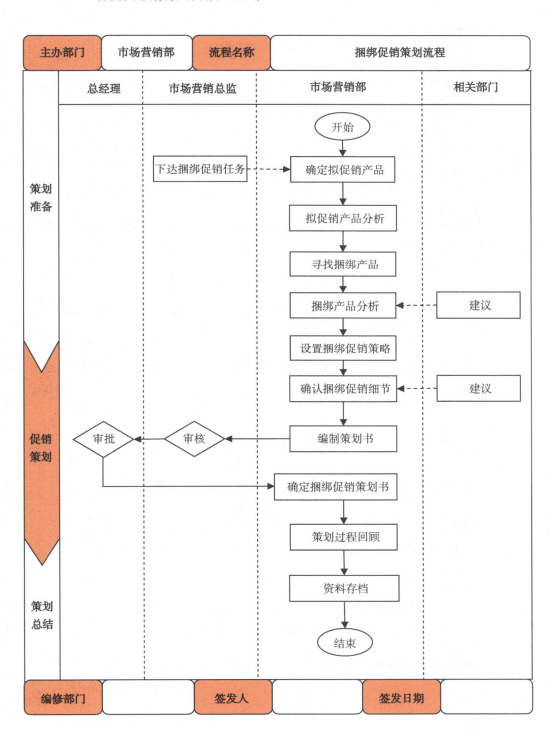

6.15.2　捆绑促销策划执行程序、工作标准、考核指标、执行规范

任务名称	执行程序、工作标准与考核指标
策划准备	**执行程序** **1.确定拟促销产品** 市场营销部收到捆绑促销任务后，先确定拟促销产品 **2.拟促销产品分析** 市场营销部要确定拟促销产品的名称、数量、价格、采供现状等，分析该产品的促销可能性 **3.寻找捆绑产品** 市场营销部根据拟促销产品寻找合适的捆绑促销产品 **4.捆绑产品分析** 市场营销部根据产品特点分析捆绑促销的可能性 **5.设置捆绑促销策略** 市场营销部根据两种或多种捆绑产品的特点设置捆绑促销的总体策略和原则 **6.确认捆绑促销细节** 市场营销部确认促销力度、促销人员、拟促销产品现状、促销目标、促销人员安排、促销活动费用等细节 **工作重点** 市场营销部可通过大数据分析，将不同产品分别配对，寻找最合适的捆绑组合 **工作标准** 完成标准：市场营销部完成捆绑促销策划的前期准备工作
促销策划	**执行程序** ☆市场营销部编制捆绑促销策划书，内容包括促销目标、促销资源配置情况、促销实施细节、活动时间及人员配备等 ☆市场营销部将促销策划书报市场营销总监审核、总经理审批，审批通过后方可执行 **工作重点** 捆绑促销策划书的内容要完整，要尽可能列举多种情况，思考各种可能性 **工作标准** 质量标准：捆绑促销策划书的内容完整、结构清晰、审核通过率高 **考核指标** ☆捆绑促销策划书编制完成的时间：应在＿＿＿个工作日内编制完成 ☆捆绑促销策划书的一次性审核通过率：目标值为100%
策划总结	**执行程序** **1.策划过程回顾** ☆策划完成后，市场营销部应回顾策划过程，总结策划经验 ☆市场营销部可编写捆绑促销策划总结报告，便于指导后续工作 **2.资料存档** 市场营销部应将捆绑促销策划工作产生的资料分类整理，存档保管

任务名称	执行程序、工作标准与考核指标
策划总结	**执行程序**
	工作重点 　市场营销部应及时回顾策划全过程，这样有利于积累宝贵的策划经验，方便下次策划工作的开展
	工作标准
	☆目标标准：策划过程得到总结，策划经验得到学习 ☆质量标准：捆绑促销策划总结报告的内容完整、结构清晰、审核通过率高 ☆参照标准：捆绑促销策划总结报告参照企业文书写作规范编制
	考核指标
	☆捆绑促销策划总结报告编制完成的时间：应在＿＿个工作日内编制完成 ☆资料存档失误率：目标值为 0
执行规范	
"捆绑促销策划书""捆绑促销策划总结报告""资料存档清单"	

第6章　电商营销与促销管理

6.16 营销分析流程设计与工作执行

6.16.1 营销分析流程设计

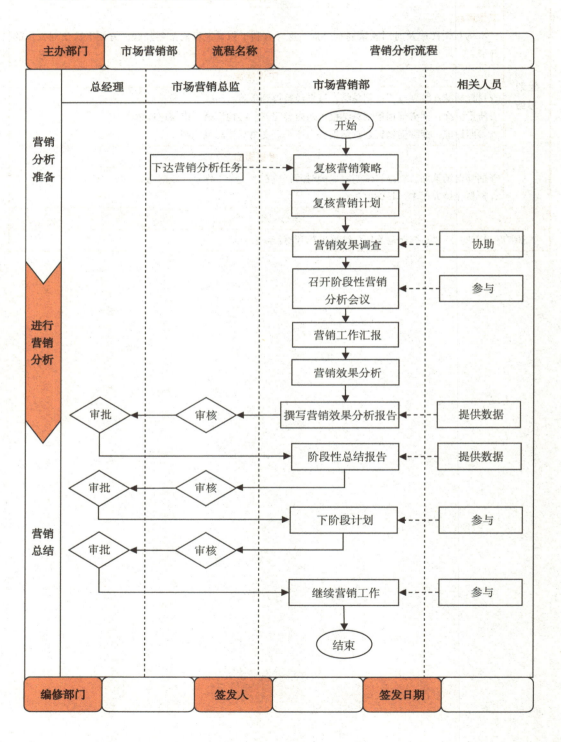

主办部门	市场营销部	流程名称	营销分析流程

6.16.2　营销分析执行程序、工作标准、考核指标、执行规范

任务名称	执行程序、工作标准与考核指标
营销分析准备	**执行程序** **1.复核营销策略** 　市场营销部收到营销分析任务后，先复核营销策略，查看营销策略是否适合当前营销环境，是否有调整与修改的必要 **2.复核营销计划** 　市场营销部要定期检查营销计划，查漏补缺，确保营销工作按计划进行 **3.营销效果调查** ☆市场营销部安排人员调查当前营销效果，主要调查产品销量、客户满意度、客户回头率、新客户增长量等内容 ☆一线营销工作人员向负责调查的工作人员提供营销数据 **工作重点** 　营销与促销不同，营销是长期的工作，促销是将产品卖到顾客手里，而营销是将产品卖到顾客心里，因此营销策略很重要。市场营销部要时刻观察顾客反应，及时调整与优化营销工作 **工作标准** 完成标准：市场营销部完成营销分析准备工作
进行营销分析	**执行程序** **1.召开阶段性营销分析会议** 　市场营销部组织召开阶段性营销分析会议，并邀请参与营销工作的人员参加 **2.营销工作汇报** 　营销工作人员汇报营销工作情况，介绍营销工作取得的效果和遇到的问题 **3.营销效果分析** ☆参会人员讨论营销效果，思考营销工作的后续思路和提高办法 ☆主要分析产品销量、新顾客增量、老顾客回头率、产品好评度、品牌知名度等内容 **4.撰写营销效果分析报告** ☆市场营销部工作人员将会议上的分析结果撰写成报告 ☆市场营销部工作人员将营销效果分析报告提交市场营销总监审核、总经理审批 **工作重点** 　营销分析一定要邀请直接参与营销工作的一线工作人员参加，不可纸上谈兵，只看数据 **工作标准** 质量标准：营销效果分析报告的内容完整、结构清晰、审核通过率高 **考核指标** ☆营销效果分析报告的完成时间：应在____个工作日内完成 ☆营销效果分析报告的一次性审核通过率：目标值为100%

任务名称	执行程序、工作标准与考核指标
营销总结	**执行程序**
	1. 阶段性总结报告 ☆营销分析会议结束后，市场营销部总结当前阶段的营销工作，罗列成果与问题，并提出后续改进办法，形成报告 ☆市场营销部工作人员将阶段性总结报告提交市场营销总监审核、总经理审批 **2. 下阶段计划** ☆市场营销部根据本次营销分析情况，编制下阶段营销工作计划 ☆市场营销部工作人员将下阶段营销工作计划提交市场营销总监审核、总经理审批 **3. 继续营销工作** 市场营销部工作人员按照计划继续开展营销工作，定期总结与反思 **工作重点** 总结报告要注明上阶段的工作问题，在下阶段的工作计划中应重点解决这些问题
	工作标准
	参照标准：阶段性总结报告与下阶段计划书应参照企业文书写作规范编制
	考核指标
	阶段性总结报告与下阶段计划书编制完成的时间：应在____个工作日内编制完成
	执行规范
	"营销效果分析报告""营销工作总结报告""营销工作计划"

6.17 促销分析流程设计与工作执行

6.17.1 促销分析流程设计

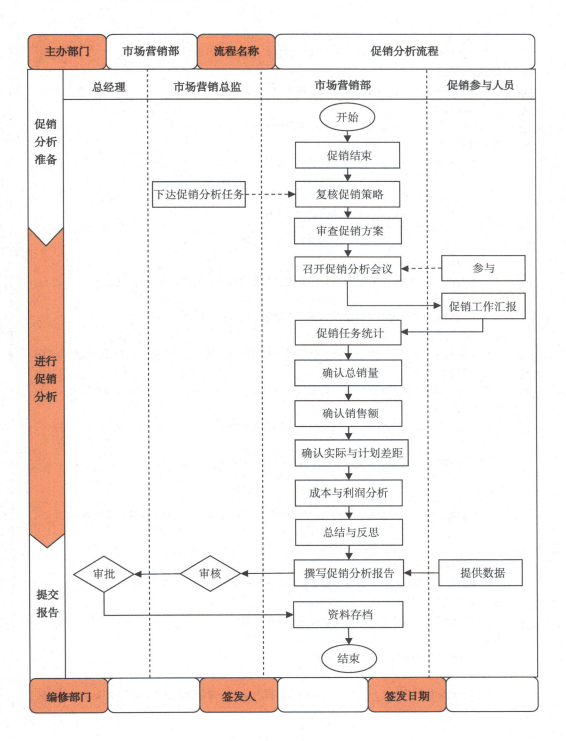

6.17.2　促销分析执行程序、工作标准、考核指标、执行规范

任务名称	执行程序、工作标准与考核指标
促销分析准备	**执行程序** **1. 促销结束** 　促销活动结束后，市场营销总监下达促销分析任务 **2. 复核促销策略** 　市场营销部复核促销策略，回顾促销过程 **3. 审查促销方案** 　市场营销部审查促销方案，找出实际工作中的遗漏之处 **工作重点** 　市场营销部要认真对促销策略、促销方案进行复核与审查 **工作标准** 完成标准：市场营销部完成促销分析准备工作
进行促销分析	**执行程序** **1. 召开促销分析会议** 　市场营销部组织召开阶段性促销分析会议，并邀请参与促销工作的一线人员参加 **2. 促销工作汇报** 　相关工作人员汇报促销工作情况，介绍促销工作取得的效果和遇到的问题 **3. 统计与确认** 　市场营销部确认促销期间总销量，统计促销期间的销售额，确认实际销量与计划销量的差距 **4. 成本与利润分析** 　市场营销部在财务部的配合下对成本与利润进行分析，根据总成本与利润计算利润率 **5. 总结与反思** 　市场营销部总结促销活动的成功经验，反思不妥之处 **工作重点** 　市场营销部在进行促销分析时，要注意确保数据的真实性和准确性 **工作标准** 目标标准：通过召开促销分析会议，对促销情况进行全面分析，总结经验、反思不足
提交报告	**执行程序** **1. 撰写促销分析报告** 　☆促销分析会议结束后，市场营销部负责撰写促销分析报告 　☆直接参与促销工作的一线人员提供数据 　☆促销分析报告须提交市场营销总监审核、总经理审批 **2. 资料存档** 　促销分析产生的各类资料要妥善存档保管 **工作重点** 　撰写促销分析报告的人员要与一线促销人员深入交流，确保分析报告的内容真实、数据准确

任务名称	执行程序、工作标准与考核指标
提交报告	**工作标准**
	☆质量标准：促销分析报告内容全面、分析透彻、实用性强 ☆参照标准：促销分析报告参照企业文书写作规范撰写
	考核指标
	☆促销分析报告撰写完成的时间：应在____个工作日内撰写完成 ☆促销分析报告的一次性审核通过率：目标值为100%
	执行规范
"促销分析报告""资料存档清单"

第7章 爆品管理

7.1 爆品管理流程设计

7.1.1 流程设计目的

电商运营对爆品进行流程管理的目的如下：

（1）获取爆品的有效信息，精准把握爆品的特征，掌握爆品销售周期策略；

（2）增强电商运营人员的管理能力和创新思维，有效整合店铺的营销资源，扩大优势。

7.1.2 流程结构设计

电商爆品管理流程设计可采取并列式结构，即将爆品管理细分为 8 个事项，分别就每个事项设计流程，具体的结构设计如图 7-1 所示。

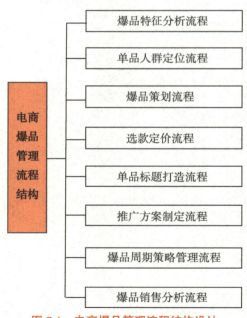

图 7-1　电商爆品管理流程结构设计

7.2 爆品特征分析流程设计与工作执行

7.2.1 爆品特征分析流程设计

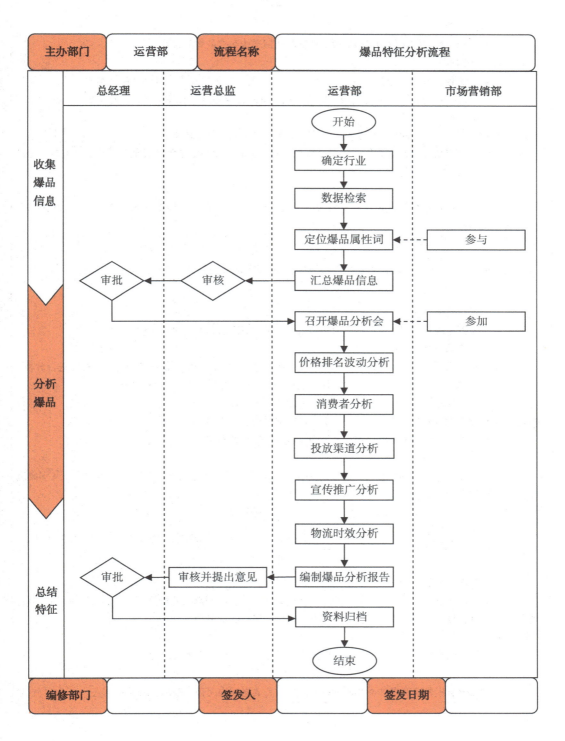

7.2.2　爆品特征分析执行程序、工作标准、考核指标、执行规范

任务名称	执行程序、工作标准与考核指标
收集爆品信息	**执行程序** **1.确定行业** 　运营部根据店铺定位和风格形象，选择与店铺最为贴合的爆品行业 **2.市场调查** ☆运营部根据选择的爆品行业，借助专业搜索工具进行数据检索，对爆品属性进行定位，如搜索爆品时，可选择具体的时间段、销售地域、爆品行业等进行条件检索，由此得出这一时间段的爆品数据 ☆市场营销部可共同参与爆品搜索工作，获得更加全面、精准的爆品信息 ☆运营部将所有爆品信息进行数据分析与汇总，编制详细的爆品明细表交于运营总监审核、总经理审批 **工作重点** 　运营部在进行爆品搜集时，不能拘泥于一种搜索工具，应尽可能借助多种搜索工具，提高信息的准确率 **工作标准** 　时间标准：＿＿个工作日内完成爆品数据明细表的编制工作
分析爆品	**执行程序** **1.召开爆品分析会** 　运营部组织召开爆品分析会，市场营销部相关负责人需参与其中共同讨论 **2.分析爆品特征** ☆运营部根据爆品明细表，分析爆品、竞品的价格，对产品的历史价格及销量排名变化进行分析 ☆运营部对消费者售前行为、售后评价进行分析，深入挖掘消费者的购买需求 ☆运营部针对爆品数据，分析爆品在各种投放渠道的投放量 ☆运营部对爆品的宣传推广进行分析，研究爆品的宣传文案 ☆运营部研究爆品的物流时效，分析物流因素对爆品的影响程度 **工作重点** 　运营部在分析爆品特征时，除以上提及的因素外，还应考虑天气、季节变换等因素，从多维度分析爆品产生的原因 **工作标准** 　会议标准：运营部召开分析会议时，要维护会议纪律，保持环境干净整洁，做好相关会议纪要
总结特征	**执行程序** **1.编制爆品分析报告** 　运营部将爆品分析会议的有效信息进行整理与汇总，编制爆品分析报告，先交于运营总监审核，并在其指导意见下进一步完善分析报告，然后交于总经理审批 **2.资料归档** 　市场营销部将审批通过的爆品分析报告存入相关档案库，并妥善保管 **工作重点** 　爆品分析报告应有具体的案例分析，并且相关数据精准无误，多用图表证明结论

电商运营管理 流程设计与工作标准

任务 名称	执行程序、工作标准与考核指标
总结 特征	**工作标准**
	编写标准：爆品分析报告的内容、格式统一遵从公文写作要求，书写规范，无错别字
	考核指标
	报告一次性通过率：目标值为＿＿＿%，用来衡量爆品分析报告的完成质量 $$报告一次性通过率 = \frac{报告一次性通过数}{报告提交总数} \times 100\%$$
	执行规范
	"爆品明细表""爆品会议纪要""爆品分析报告"

第 7 章｜爆品管理

7.3.1　单品人群定位流程设计

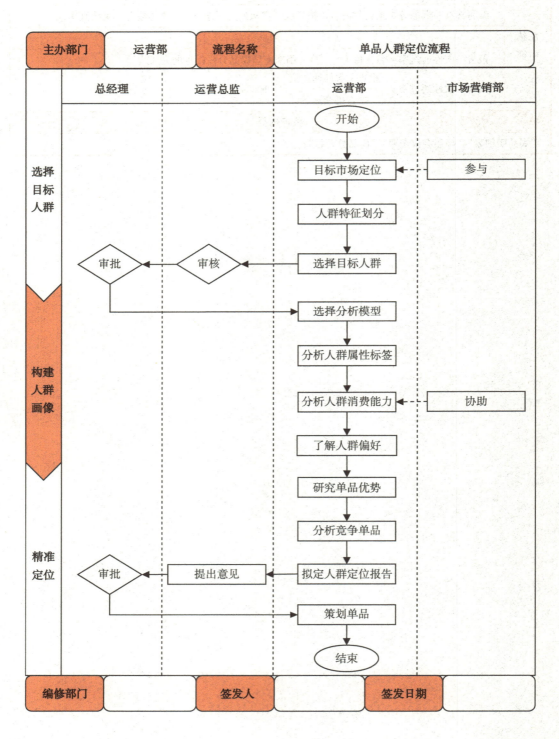

7.3.2 单品人群定位执行程序、工作标准、考核指标、执行规范

任务名称	执行程序、工作标准与考核指标
	执行程序
选择目标人群	**1.目标市场定位** 运营部根据单品特性，对产品面向的市场进行细分，选择最为合适的目标市场 **2.人群特征划分** 运营部确定目标市场后，针对该市场的人群从年龄、职业、性别等不同的角度进行划分 **3.选择目标人群** 运营部进行人群特征划分后，选择范围小、消费习惯较为统一的目标人群 **工作重点** ☆运营部在进行目标市场定位时可采取三种策略：无视差异，即向整个市场提供一种产品；重视差异，为每一个细分的子市场提供不同的产品；仅选择一个细分的子市场，提供相应的产品 ☆运营部划分目标人群时，应将人群职业、年龄结构进行详细划分，尽量缩小目标人群的范围
	工作标准
	时间标准：____个工作日内完成目标人群的选择工作
	执行程序
构建人群画像	**1.选择分析模型** 运营部根据店铺定位和爆品行业，选择数据分析模式，如 ERP 模型 **2.分析目标人群** ☆运营部对目标人群的基础信息进行收集，了解人群的基础信息，如教育程度、婚姻状况、月收入等 ☆运营部根据目标人群的基础标签，了解目标人群的消费习惯，从日常消费结构分析目标人群的消费能力 ☆运营部对目标人群进行偏好匹配，并对不同年龄段的人群的兴趣爱好进行推测、研究 **工作重点** 运营部分析目标人群时，需要对目标人群进行更细致的场景分析，除基本的人群信息、消费行为、偏好标签外，还可以了解目标人群较为关心的话题、长期聚集地等，多维度、全方位地构建人群画像
	工作标准
	分析标准：运营部构建人群画像时，应从浅入深、从大到小，按照相关逻辑顺序进行逐项分析
	执行程序
精准定位	**1.分析单品** 运营部分析单品对目标人群的价值点，研究单品的竞争优势，同时分析同类型竞品的优劣势，尽量突出核心优势 **2.拟定人群定位报告** 运营部将目标人群的有效信息进行整理与汇总，拟定人群定位报告，交于运营总监，并根据运营总监的指导意见进一步完善分析报告，然后交于总经理审批 **3.策划单品** 运营部按照审批通过的人群定位报告开展单品策划工作

（续表）

任务名称	执行程序、工作标准与考核指标
精准定位	**执行程序**
	工作重点 　运营部拟定人群定位报告时，需列举相关实例，并有相应的数据分析结论，且相关数据精准无误
	工作标准
	编写标准：定位报告的内容、格式统一遵从公文写作要求，书写规范，无错别字
	考核指标
	报告一次性通过率：目标值为____%，用来衡量人群定位报告的完成质量 $$报告一次性通过率 = \frac{报告一次性通过数}{报告提交总数} \times 100\%$$
	执行规范
	"单品分析报表""人群定位报告"

电商运营管理 流程设计与工作标准

7.4 爆品策划流程设计与工作执行

7.4.1 爆品策划流程设计

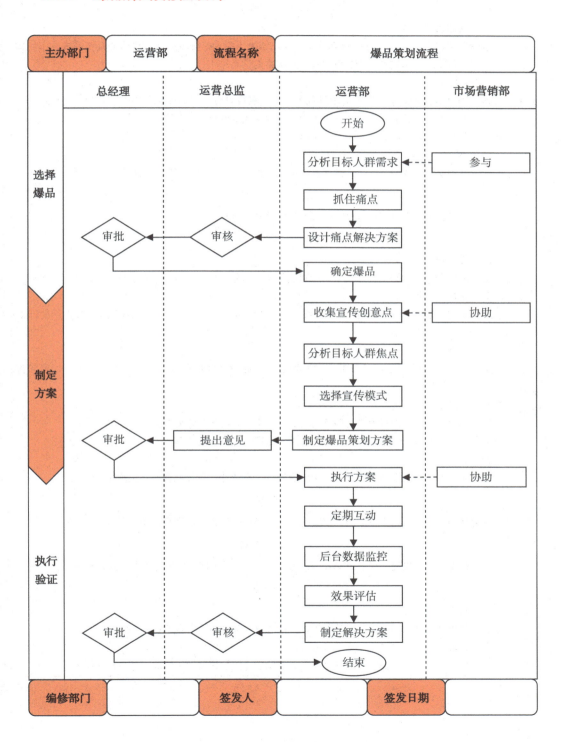

7.4.2　爆品策划执行程序、工作标准、考核指标、执行规范

任务名称	执行程序、工作标准与考核指标
选择爆品	**执行程序** **1.分析目标人群需求** 　运营部根据前期的爆品分析及单品人群定位结果，深入挖掘爆品受众群体的真实需求，市场营销部可进行市场行情调查，为运营部提供更丰富的信息 **2.确定爆品** ☆运营部针对目标人群的真实需求寻找突破口，洞察目标人群的痛点，用相应的爆品有针对性地满足其需求，设计痛点解决方案，以此获得目标人群的信赖和认可 ☆运营部根据痛点解决方案推出合适的爆品 **工作重点** 　运营部在确定爆品时，除了考虑目标人群的需求外，还需时刻了解市场行情的波动情况 **工作标准** 　时间标准：＿＿＿个工作日内完成爆品的选择与确定工作
制定方案	**执行程序** **1.收集宣传创意点** 　运营部联合市场营销部，通过数据检索收集关于爆品的相关创意点，重点突出爆品的特有属性 **2.分析目标人群焦点** 　运营部通过市场调查，分析目标人群日常喜欢的话题、聚焦点等，了解目标人群常用的社交渠道 **3.选择宣传模式** 　运营部结合宣传创意点及目标人群的聚焦点，选择合适的宣传模式，如图片宣传、短视频宣传等 **4.制定爆品策划方案** ☆运营部对前期准备的资料进行整理与汇总，制定完整的爆品策划方案 ☆运营部在运营总监的指导下进一步完善策划方案，并提交总经理审批 **工作重点** 　宣传文案除了突出爆品属性外，还需要有温度、有情怀，符合社会文化主旋律 **工作标准** 　内容标准：爆品策划方案的内容逻辑清晰，有详细的执行流程和具体的日程表 **考核指标** 　爆品策划方案一次性审批通过率：目标值为＿＿＿%，用来衡量爆品策划方案的编制质量
执行验证	**执行程序** **1.执行方案** 　运营部按照爆品策划方案逐步开展工作，市场营销部在重要节点予以协助 **2.定期互动** 　运营部推出爆品后，要定期查看目标人群的反应，了解售后评价情况，与目标人群形成互动

电商运营管理 流程设计与工作标准

任务名称	执行程序、工作标准与考核指标
执行验证	**执行程序**
	3.效果评估
	☆运营部每日监控后台销售情况，记录爆品的交易状况，根据爆品推广期间的相关数据进行效果评估，分析验证爆品的实际销售情况
	☆运营部将爆品销售的全部数据进行整理与汇总，分析爆品策划工作存在的问题，并制定相关的解决方案，提交运营总监审核、总经理审批
	工作重点
	运营部在执行爆品策划方案时，应注意市场波动情况及国家政策的变化，发现异常后要及时进行调整
	工作标准
	内容标准：解决方案的内容详细、条理清晰、便于执行
	考核指标
	解决方案一次性审批通过率：目标值为____%，用来衡量解决方案的编制质量
执行规范	
"痛点解决方案""爆品策划书""爆品总结报告"	

第7章 爆品管理

7.5.1　选款定价流程设计

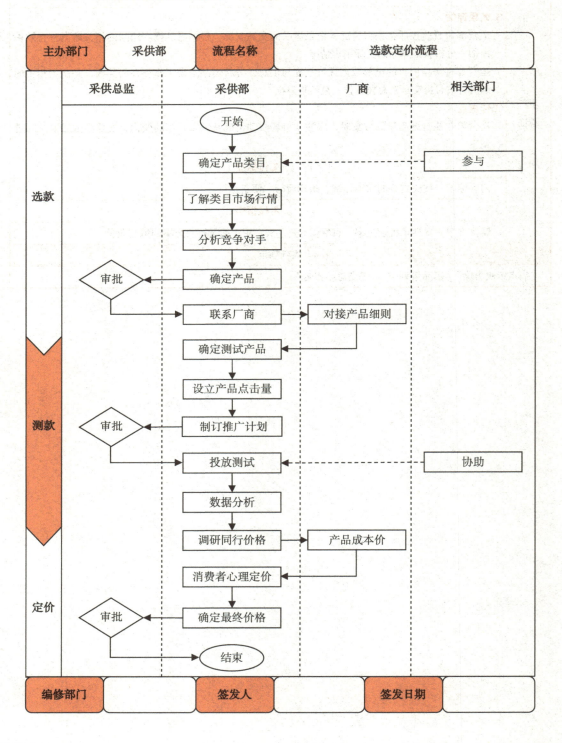

7.5.2 选款定价执行程序、工作标准、考核指标、执行规范

任务名称	执行程序、工作标准与考核指标
选款	**执行程序** **1. 确定产品类目** 采供部根据店铺的经营风格和目标人群确定产品类目，市场营销部可提供参考意见 **2. 了解类目市场行情** 采供部了解市场中产品类目的基本情况，通过各类电商平台进行检索，查看产品的属性定位 **3. 分析竞争对手** 采供部对同类型店铺进行对比分析，了解竞争对手的选款情况 **4. 确定产品** ☆采供部通过市场调查，依据热销词、销量及竞争对手分析结果选择有潜力的产品，并建立选品明细表 ☆采供部联系产品的对应厂商，沟通产品的相关事项，厂商确定产品样本的注意事项，寄送部分样品 **工作重点** 采供部选款时，不能盲目选择最热销的产品，而应该结合自身的经营能力和当前市场的产品趋势做出选择。在选款时，可参考这几种方案：根据市场选择相应款式，确保自身有足够的利润空间，提前布局并选择下个季节的产品，从市场差异化入手选择独特的款式等 **工作标准** 时间标准：___个工作日内完成选款工作
测款	**执行程序** **1. 确定测试产品** 采供部从产品明细中选择部分产品进行测试，查看这类产品的实际销售情况 **2. 设立产品点击量** 采供部通过后台系统，根据市场中同类型产品的点击率，设立产品预期点击量 **3. 制订推广计划** 采供部根据选择的测试产品的特性和设立的预期点击量制订推广计划，并提交采供总监审批 **4. 投放测试** 采供部将测试的产品投放到市场中进行数据测试，市场营销部、设计部予以协助，采供部借助平台的推广工具查看宣传后的产品点击量、收藏量及订单成交量，分析目标人群的反馈信息 **5. 数据分析** 采供部根据后台显示的数据进行推广分析，了解测款的真实反馈效果，验证选款是否成功 **工作重点** ☆采供部在测款时，需要保证每种产品的推广力度一致，以此确保数据分析的条件相同 ☆采供部在投放产品时地域需全开，投放时间根据目标人群的消费时间设定 **工作标准** 测试标准：采供部测款时，设立的预期点击量不得低于___人次

任务名称	执行程序、工作标准与考核指标
定价	**执行程序** **1. 价格调研** ☆采供部在产品成本价的基础上，参考同行对产品的价格设置，以同行的价格区间作为定价的参考依据 ☆采供部以销量较高的竞品及目标人群的收入情况和消费能力作为定价参考 **2. 确定最终价格** 　　采供部依据以上参考因素拟定最终的产品价格，编制产品价格明细表交于采供总监审批 **工作重点** 　　采供部在定价时，除参考以上因素外，还需要考虑产品的推广费用，制定详细的推广预算，保证产品的投资回报率不低于预期 **工作标准** 定价标准：产品定价不得高于市场最高定价 **考核指标** 销售利润率：目标值为____%，用来衡量产品定价是否合理 $$销售利润率 = \frac{利润额}{销售总额} \times 100\%$$
执行规范	
"选品明细表""推广计划""产品价格明细表"	

7.6 单品标题打造流程设计与工作执行

7.6.1 单品标题打造流程设计

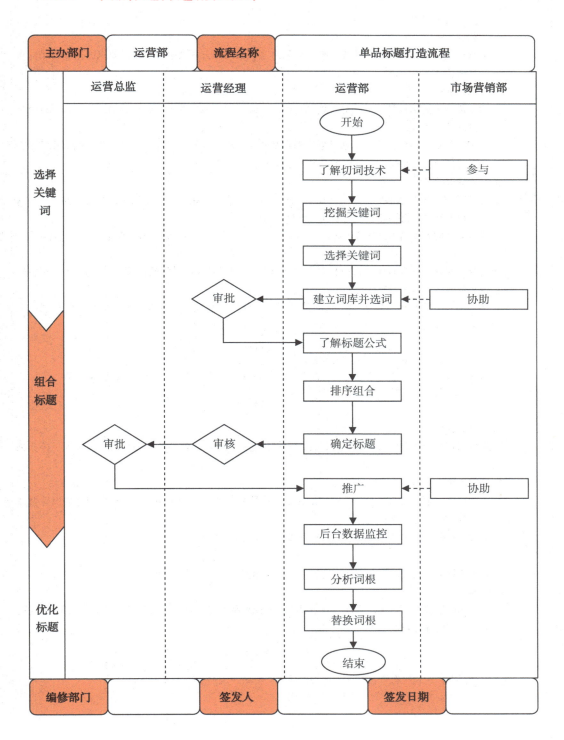

7.6.2 单品标题打造执行程序、工作标准、考核指标、执行规范

任务 名称	执行程序、工作标准与考核指标
选择 关键 词	**执行程序** **1. 了解切词技术** 　　运营部打造单品标题时，要先了解电商平台系统的切分方式及字数、格式要求，市场营销部可共同学习切词技术 **2. 选择关键词** ☆运营部在了解切词技术后，分析商品特性，了解关键词的主要类型，如营销词、类目词及属性修饰词等 ☆运营部了解关键词分类后，通过各大平台及专业工具进行检索，挖掘商品的关键词。在查看各大平台的数据信息时，需慎重考虑是否选择蓝海关键词 **3. 建立词库并选词** ☆运营部在市场营销部的协助下，用 Excel 表格建立词库，并借用专业工具，用主关键词进行搜索，找出和主关键词相关的搜索词，记录到词库中 ☆运营部对词库中的关键词进行筛选，通过同比、环比分析，对关键词进行验证 **工作重点** ☆运营部在学习切词技术时，应特别注意电商平台对商品标题的特殊要求，如标题中不能用特殊符号对部分关键词进行标记 ☆运营部建立词库时，需要对记录的关键词进行分析，按搜索热度排序找到适合产品的优质关键词 **工作标准** 内容标准：商品标题符合电商平台的要求，如最多为 30 个汉字，不能使用特殊符号等
组合 标题	**执行程序** **1. 了解标题公式** 　　运营部在组合标题时，应先了解标题中的组合公式，一般为营销词＋类目词＋属性词＋核心关键词 **2. 确定标题** ☆运营部在了解标题公式后，将选定的关键词按照相关公式进行排序组合，根据商品的属性做适当的调整后确定单品标题 ☆运营部将确定的单品标题交于运营经理审核、运营总监审批 **3. 推广** 　　运营部将审批通过的标题更新在店铺页面，市场营销部可协助进行推广 **工作重点** 　　运营部确定标题后，还需借助专业工具判断标题中的关键词能否获取足够的流量，如流量不够，则需要适当增加关键词 **工作标准** 组合标准：标题应符合目标人群的阅读习惯，按照一定的逻辑组合

任务名称	执行程序、工作标准与考核指标
优化标题	**执行程序** **1.后台数据监控** 　运营部在商品推广后，在后台查看关键词的访客量，做好数据监控 **2.分析词根、替换词根** 　运营部通过后台显示的数据，分析词根的权重比例，如部分词根访客量呈现下降趋势，则在词库中重新选择类似的词根进行替换，不断优化商品标题 **工作重点** 　运营部在进行词根分析时，应尽量获取更多的数据，提高数据的精准性，减少误差 **工作标准** 　分析标准：分析数据可借用多种方法，如同类对比法、狭义/广义对比法、相关对比法等，进行多维度分析 **考核指标** 　词根访客数：目标值为＿＿＿以上，用来衡量标题热度
执行规范	

“关键词词库”“标题词根数据记录表”

7.7　推广方案制定流程设计与工作执行

7.7.1　推广方案制定流程设计

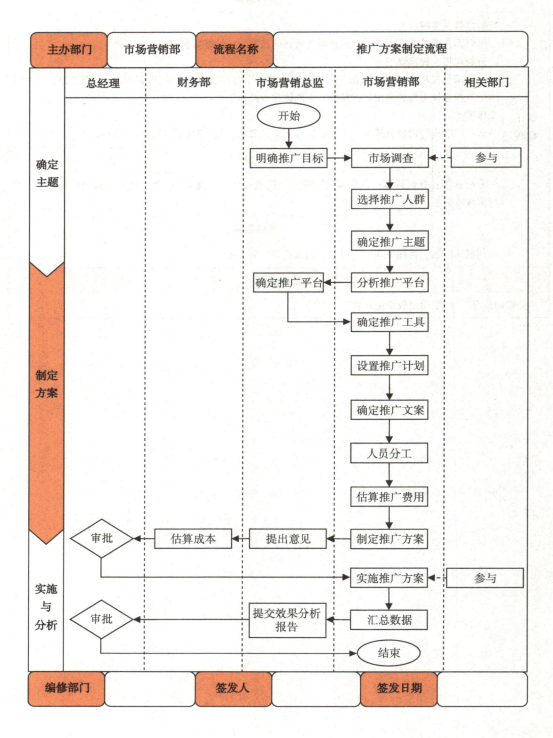

| 主办部门 | 市场营销部 | 流程名称 | 推广方案制定流程 |

| 总经理 | 财务部 | 市场营销总监 | 市场营销部 | 相关部门 |

确定主题

开始 → 明确推广目标 → 市场调查 ← 参与

市场调查 → 选择推广人群 → 确定推广主题 → 分析推广平台

确定推广平台 ← 分析推广平台

制定方案

确定推广工具 → 设置推广计划 → 确定推广文案 → 人员分工 → 估算推广费用 → 制定推广方案

审批 ← 估算成本 ← 提出意见 ← 制定推广方案

实施与分析

审批 → 实施推广方案 ← 参与

提交效果分析报告 ← 汇总数据 ← 实施推广方案

结束

| 编修部门 | | 签发人 | | 签发日期 |

7.7.2　推广方案制定执行程序、工作标准、考核指标、执行规范

任务名称	执行程序、工作标准与考核指标
确定主题	**执行程序** **1.市场调查** ☆市场营销总监依据爆品的特性，确定推广需要达成的最终目标 ☆市场营销部联合运营部，对市场中的推广方式进行调查，将各种推广方式进行对比分析，形成详细的调研报告 **2.确定推广主题** ☆市场营销部根据爆品的目标人群，选择更为精准的宣传推广人群 ☆市场营销部结合爆品特性及推广人群确定推广的主题 **工作重点** 　　市场营销部调查推广方式时，除了了解电商平台的推广工具，还应分析其他平台的推广方式，如新媒体平台推广模式等 **工作标准** 　　时间标准：＿＿＿个工作日内完成市场调查工作
制定方案	**执行程序** **1.确定推广平台** ☆市场营销部分析各大推广平台，对比优劣势，编制详细的分析报告交于市场营销总监 ☆市场营销总监根据店铺的经营能力和风格定位，选择最为合适的推广平台 **2.确定推广工具** ☆市场营销部根据确定的推广平台，研究平台内相关的推广工具，分析其原理后选择最为合适的推广工具 ☆市场营销部根据选择的推广工具设置详细的推广计划，如确定每日限额及投放的端口、时间、地域 **3.确定推广文案** 　　市场营销部结合推广主题，联合设计部确定商品的推广文案，可联系当下热点进行创意加工 **4.人员分工** 　　市场营销部选择多平台、多方式进行推广时，要对人员进行部署，将个人负责的平台、推广工具安排妥当，避免平台推广无人管理、无人监控的情况发生 **5.制定推广方案** ☆市场营销部针对推广项目进行费用预算，在保证推广效果良好的前提下尽量降低推广成本 ☆市场营销部做好前期准备工作后制定详细的推广方案，并在市场营销总监的指导下进一步完善 ☆财务部针对推广方案中的推广成本进行估算，核对是否超出财务预算，核对无误后交于总经理审批 **工作重点** 　　市场营销部选择多平台推广时，需要区分不同平台之间的推广原理，根据其原理选择相应的推广策略，充分利用平台推广的优势 **工作标准** 　　成本标准：推广费用不能超出财务预算

任务名称	执行程序、工作标准与考核指标
实施与分析	**执行程序** **1. 实施推广方案** 市场营销部按照推广方案逐步开展工作，运营部在重要节点协助推广 **2. 提交效果分析报告** 市场营销部每日监控后台点击率，记录推广情况，并将全部数据进行整理汇总。市场营销总监分析推广中存在的问题，制定相关的解决方案，拟订详细的效果分析报告交于总经理审批 **工作重点** 市场营销部在实际推广过程中需要灵活变通，根据市场变化随时调整方案 **工作标准** 编写标准：分析报告的内容、格式统一遵从公文写作要求，书写规范，无错别字 **考核指标** 爆品点击量：目标值达到＿＿＿＿，用来衡量爆品推广预期达成情况
	执行规范
	"推广平台对比分析报告""推广方案""推广效果分析报告"

7.8.1   爆品周期策略管理流程设计

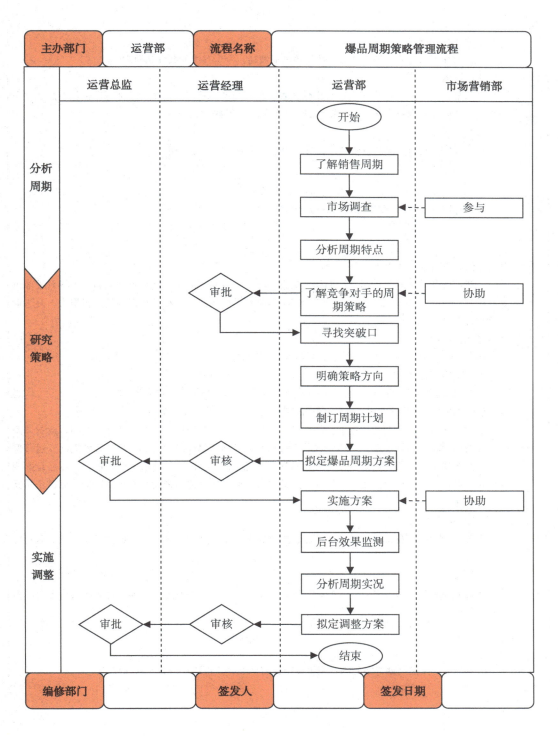

7.8.2 爆品周期策略管理执行程序、工作标准、考核指标、执行规范

任务名称	执行程序、工作标准与考核指标
分析周期	**执行程序** **1. 了解销售周期** 　　运营部先了解行业与类目中市场销售的周期波动，分析其中的共性和原理 **2. 市场调查** 　　运营部针对爆品的销售周期进行市场调查，分析周期的特点，市场营销部可提供相应的数据资料。一般商品周期分为导入期、爆发期、成熟期及衰退期 **工作重点** 　　运营部需要结合爆品的特殊属性和对应的销售季节分析爆品周期 **工作标准** 时间标准：＿＿＿个工作日内完成市场调查工作
研究策略	**执行程序** **1. 了解竞争对手的周期策略** 　　运营部收集竞争对手的爆品周期相关信息，分析竞争对手应对周期的管理策略，市场营销部可提供与竞争对手相关的资料信息，运营部将竞争对手的周期策略整理成详细的分析报告，交于运营经理审批 **2. 寻找突破口** 　　运营部根据爆品每一周期的特点，寻找每一周期的突破口 **3. 制订定周期计划** ☆运营部根据周期的突破口，明确每一周期中需要解决的问题，确定策略方向 ☆运营部依据周期特点，明确每一周期的工作目标，制订详细的周期计划 ☆运营部在爆品导入期间快速上新品，制订推广计划，可参考以下策略：在爆发期间，运营部需要通过活动快速增加销量，达到爆品销量水平，带动其他商品销售；在爆品成熟期间，运营部需要维持爆品的每日销量，并将关联的商品进行更换，提高其他商品的销量量；在爆品衰退期间，运营部开展促销活动，尽量维持爆品销量，通过让利促销带动其他商品销量，完成新品爆款更迭 **4. 拟定爆品周期方案** 　　运营部将前期准备工作进行整理汇总，拟定完整的爆品周期方案，交于运营经理审核、运营总监审批 **工作重点** 　　运营部在研究策略思路时，需要结合店铺定位，根据店铺的整体形象确定合适的策略方向，不能盲目从众 **工作标准** 内容标准：爆品周期方案的内容逻辑清晰，有详细的执行流程和具体的日程表

任务名称	执行程序、工作标准与考核指标
实施调整	**执行程序** **1.实施方案** 　运营部联合市场营销部，按照爆品周期方案的日程表逐步开展工作 **2.后台效果监测** 　运营部每日进行数据监控，记录爆品每一周期的各项指标，分析方案执行效果，评估爆品周期的实际销售能力，制定详细的效果评估报告 **3.拟定调整方案** 　运营部根据效果评估报告，分析爆品周期方案中存在的问题，研究解决措施，调整策略，拟定调整方案，交于运营经理审核、运营总监审批，并将其应用到下一阶段的爆品中 **工作重点** 　运营部在实施爆品周期方案时，需时刻关注市场变化，当发生异常时，应及时调整方案
	工作标准
	编写标准：效果评估报告的内容、格式统一遵从公文写作要求，书写规范，无错别字
	考核指标
	销售目标达成率：目标值达到＿＿＿＿%，用来衡量爆品周期方案的实施效果 $$销售目标达成率 = \frac{实际达成的销售额}{计划达成的销售额} \times 100\%$$
	执行规范
	"爆品周期计划""爆品周期方案""方案效果评估报告"

第7章　爆品管理

7.9.1 爆品销售分析流程设计

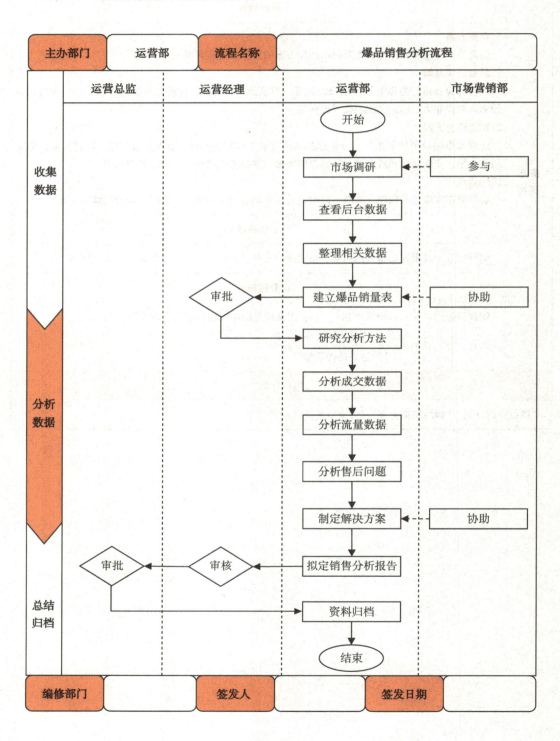

7.9.2　爆品销售分析执行程序、工作标准、考核指标、执行规范

任务名称	执行程序、工作标准与考核指标
收集数据	**执行程序** **1.市场调研** 　运营部对同时段的其他爆品的销量进行调研，收集竞品的销售数据 **2.整理相关数据** 　运营部通过后台系统，查看爆品销售期间的所有数据，市场营销部提供与爆品推广相关的数据，运营部将所有数据进行整理、汇总，形成销售明细表，交于运营经理审批 **工作重点** 　运营部在整理数据时，应将各项指标做好特殊标记，以便于区分，并检查数据的准确性，以减少误差 **工作标准** 数据标准：销售明细表中的各项指标和数据须精准、无误差
分析数据	**执行程序** **1.研究分析方法** 　运营部在进行销售分析时，需要了解各种数据分析方法的内容和用途，并熟练掌握数据分析法的运用技巧，常见的数据分析方法有对比分析法、拆分法、漏斗法等 **2.分析数据** ☆运营部根据整理的销售明细表进行数据预览，选取需要分析的属性指标（如销量和成交总额）进行预处理，删除异常值 ☆运营部先对爆品的成交数据进行分析，研究爆品的利润率和销量涉及的因素，如爆品的利润率与爆品的生产成本、售价有关；然后将主要数据筛选出来，针对相关数据指标查看具体的波动原因 ☆运营部通过爆品的销量可联想到店铺的流量，借助专业工具查看爆品销售期间的流量数据，分析流量的各项指标，如店铺的浏览量、转化率、商品收藏及跳失率等，分析流量的整体结构，研究存在的问题 ☆运营部通过后台数据，查看消费者对爆品的售后评价，分析客服、物流等相关因素 **3.制定解决方案** 　运营部就发现的问题，联合市场营销部制定相应的解决方案 **工作重点** 　运营部分析数据和流量时，不能过于沉浸在数据分析中，要重视其他环节，从全局的角度分析爆品销售的整个流程 **工作标准** 分析标准：市场营销部分析业绩数据时，应按照店铺成交、流量、客服、物流等内容进行分析 **考核指标** 数据分析准确率：目标值达到＿＿＿%，用来衡量数据分析的准确性 $$数据分析准确率 = \frac{分析结果准确的次数}{分析总次数} \times 100\%$$

任务名称	执行程序、工作标准与考核指标
总结归档	**执行程序**
	1. 拟定销售分析报告 运营部将有效信息进行整理汇总，拟定销售分析报告，交于运营经理审核、运营总监审批 **2. 资料归档** 运营部将审批通过的爆品销售分析报告存入相关档案库，并妥善保管 **工作重点** 运营部拟定爆品销售分析报告时，相关数据应确保精准无误，多用图表证明结论
	工作标准
	编写标准：分析报告的内容、格式统一遵从公文写作要求，书写规范，无错别字
	执行规范
	"爆品销售明细表""爆品销售分析报告"

电商运营管理 流程设计与工作标准

8.1　电商直播管理流程设计

8.1.1　流程设计目的

企业对电商直播进行流程管理的目的如下：

（1）确保电商直播管理各项工作安排妥当，职责分工明确，工作井然有序；

（2）提高电商直播活动的质量水平，提升客户满意度，促进产品销售，保证销售目标的达成；

（3）不断改进并完善电商直播管理体系，提高客户服务水平，为企业的发展提供保障。

8.1.2　流程结构设计

电商直播管理流程设计可采取并列式结构，即将电商直播管理细分为 8 个事项，分别就每个事项设计流程，具体的结构设计如图 8-1 所示。

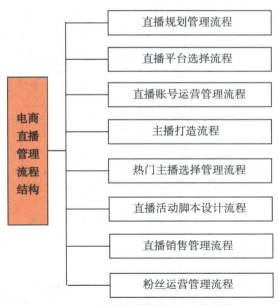

图 8-1　电商直播管理流程结构设计

8.2.1 直播规划管理流程设计

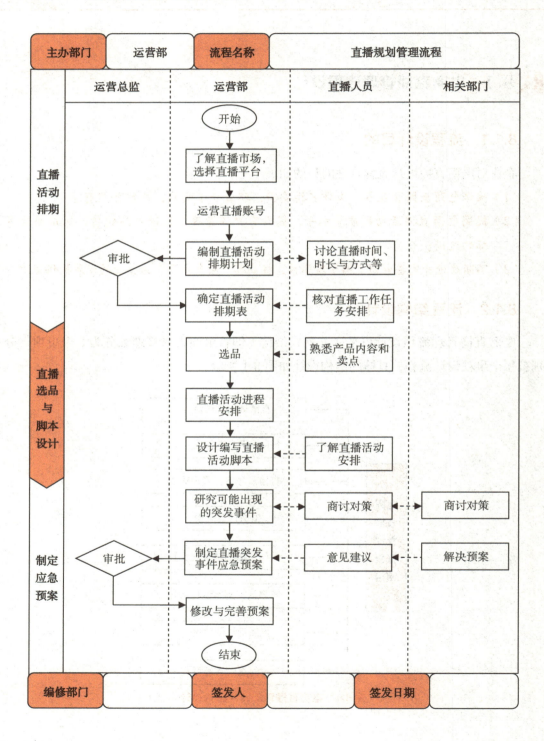

8.2.2　直播规划管理执行程序、工作标准、考核指标、执行规范

任务名称	执行程序、工作标准与考核指标
直播活动排期	**执行程序** **1. 了解直播市场，选择直播平台** ☆运营部对直播市场进行调查了解，选择适合企业产品的直播平台 ☆运营部注册并建立直播账号，开展产品直播运营工作 **2. 编制直播活动排期计划** ☆运营部根据企业市场营销需求，编制直播活动排期计划，提交运营总监审批 ☆直播人员参与讨论直播时间、时长与直播方式等 ☆直播活动排期计划审批通过后，运营部根据批示意见制定直播活动排期表 **工作重点** 　运营部要重点调查各大电商平台推出的直播服务，如淘宝直播、京东直播等 **工作标准** 　质量标准：直播活动排期计划应从消费者视角出发，最大化发挥直播活动的营销推广作用
直播选品与脚本设计	**执行程序** **1. 选品** ☆运营部根据直播活动安排，结合产品销售情况，挑选参与直播活动的产品 ☆直播人员提前熟悉产品内容和卖点介绍 **2. 设计编写直播活动脚本** ☆运营部安排与梳理直播活动进程，把握直播活动节奏 ☆运营部设计并编制直播活动的脚本，直播人员和相关人员熟悉自身工作及相关职责 **工作重点** 　直播活动脚本的设计与编制工作应由具备丰富直播运营经验的专业人员负责 **工作标准** ☆质量标准：直播活动选品科学合理，对解决产品销售问题、提升利润率有实际的促进作用 ☆内容标准：直播活动脚本的内容包含直播时间、地点、商品数量、直播人员安排、场控、运营、流程进度安排、预告文案、注意事项等 **考核指标** 　直播活动脚本合格率：该指标用于考核运营部编制直播活动脚本的能力 $$直播活动脚本合格率 = \frac{符合要求的脚本数}{直播活动脚本编写总数} \times 100\%$$
制定应急预案	**执行程序** **1. 研究可能出现的突发事件** ☆运营部编制直播活动注意事项，研究可能出现的直播突发事件 ☆直播人员和相关部门参与讨论，共同商讨对策 **2. 制定直播突发事件应急预案** ☆运营部根据讨论结果制定直播突发事件应急预案，提交运营总监审批 ☆直播人员提供相关事件的处理经验和意见，直播相关部门提供与事件有关的解决方案 ☆运营部根据运营总监的批示意见对预案进行修改与完善

任务名称	执行程序、工作标准与考核指标
制定应急预案	**执行程序**
	工作重点 运营部应充分参考直播人员的经验和意见，确保直播活动应急预案能够切实解决问题
	工作标准
	质量标准：直播突发事件应急预案内容详细全面、应对措施科学合理
	考核指标
	直播突发事件应急预案一次性审批通过率：目标值为100%，该指标用于衡量应急预案的编制质量
	执行规范
	"直播活动排期计划""直播活动排期表""直播活动脚本""直播突发事件应急方案"

8.3.1 直播平台选择流程设计

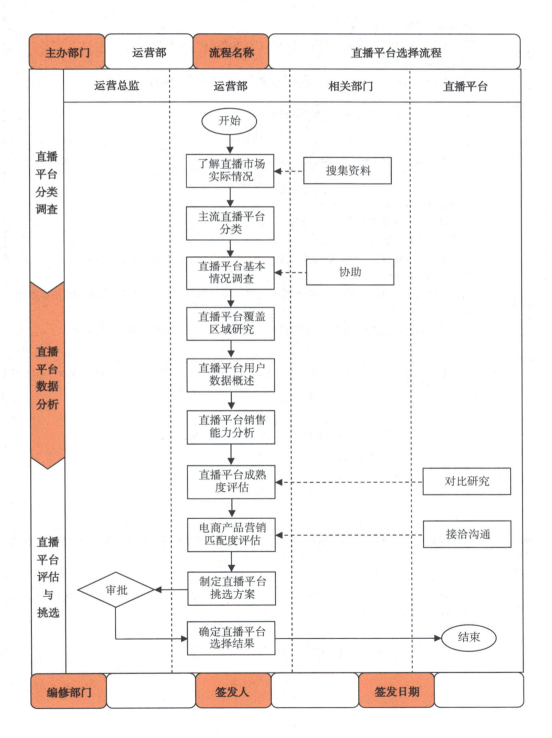

主办部门	运营部	流程名称	直播平台选择流程

运营总监　　运营部　　相关部门　　直播平台

开始

了解直播市场实际情况 ← 搜集资料

主流直播平台分类

直播平台基本情况调查 ← 协助

直播平台覆盖区域研究

直播平台用户数据概述

直播平台销售能力分析

直播平台成熟度评估 ← 对比研究

电商产品营销匹配度评估 ← 接洽沟通

审批 ← 制定直播平台挑选方案

确定直播平台选择结果 → 结束

直播平台分类调查

直播平台数据分析

直播平台评估与挑选

编修部门		签发人		签发日期	

第8章　电商直播管理

8.3.2　直播平台选择执行程序、工作标准、考核指标、执行规范

任务名称	执行程序、工作标准与考核指标
直播平台分类调查	**执行程序** **1. 了解直播市场实际情况** 　运营部对直播市场进行调查，了解直播市场的竞争情况和发展趋势 **2. 直播平台基本情况调查** 　运营部对各大直播平台进行调查，掌握各直播平台的基本情况和动态 **工作重点** 　除专业的直播平台外，运营部还要关注各电商推出的电商直播业务 **工作标准** 　范围标准：直播平台调查应涵盖淘宝、京东、拼多多、抖音、快手、斗鱼、虎牙、微店等
直播平台数据分析	**执行程序** **1. 直播平台覆盖区域研究** 　运营部对各直播平台的覆盖区域进行调查，分析其市场占有率 **2. 直播平台用户数据概述** 　运营部搜集各方资料和数据，研究各直播平台的用户数据，整理各直播平台的用户信息 **3. 直播平台销售能力分析** 　运营部根据直播平台的类型，对其产生的销售价值进行调查研究，分析各直播平台的销售能力 **工作重点** 　直播平台的销售转化率是对企业产品销售具有重要影响的指标，运营部应重点关注 **工作标准** 　内容标准：直播平台用户数据分析的内容包含用户体量、用户活跃度、用户性别群体、年龄分段等 **考核指标** 　数据准确率：该指标会对运营部直播平台调查分析工作产生重要影响 $$数据准确率 = \frac{调查数据准确的项数}{调查数据总项数} \times 100\%$$
直播平台评估与挑选	**执行程序** **1. 电商产品营销匹配度评估** 　运营部根据对各大直播平台的调查分析结果，依据企业产品特点，评估产品与直播平台的营销推广匹配度 **2. 制定直播平台挑选方案** 　☆运营部整理各直播平台的调查数据和评估结果，编制直播平台挑选方案，提交运营总监审批 　☆直播平台挑选方案审批通过后，运营部根据批示意见确定直播平台 **工作重点** 　产品与直播平台营销推广匹配度评估的重点在于直播平台用户的类型和消费层次定位

任务名称	执行程序、工作标准与考核指标		
直播平台评估与挑选	**工作标准**		
	☆内容标准：直播平台营销匹配度评估的内容包括消费群体匹配、消费习惯匹配、消费额匹配等 ☆质量标准：直播平台挑选方案应至少对三个以上的候选平台进行对比分析		
	考核指标		
	直播平台挑选方案编制及时性：运营部应在分类调查完成后_____天内编制直播平台挑选方案并提交审批		
执行规范			
"直播平台调查情况说明""直播平台数据分析报告""直播平台评估说明""直播平台挑选方案"			

8.4.1 直播账号运营管理流程设计

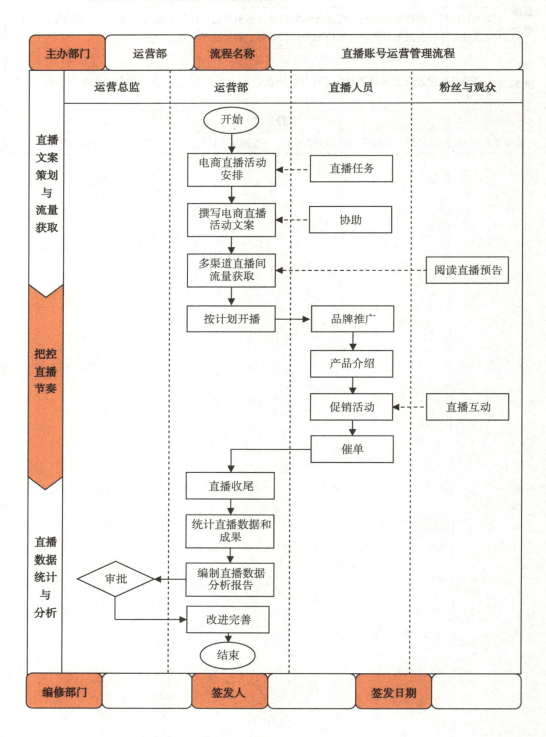

8.4.2　直播账号运营管理执行程序、工作标准、考核指标、执行规范

任务名称	执行程序、工作标准与考核指标
直播文案策划与流量获取	**执行程序** **1. 撰写电商直播活动文案** ☆运营部根据直播活动排期表安排各个主题的直播活动，直播人员接受工作任务并提前做好准备 ☆围绕直播活动的主题和目的，运营部撰写电商直播活动文案 **2. 多渠道直播间流量获取** 　运营部多渠道投放直播活动文案，获取粉丝与观众的关注，为直播间吸引流量 **工作重点** 　直播活动文案要紧紧围绕主题，同时遵守社会公序良俗，避免带来不必要的公关压力 **工作标准** ☆质量标准：电商直播活动文案紧跟热点，语言通俗易懂，活动宣传主题便于传播 ☆数量标准：直播间流量获取渠道不少于____个
把控直播节奏	**执行程序** **1. 品牌推广** ☆运营部按照计划开展直播活动，直播人员上播 ☆直播开始，由主播开场，与观众和粉丝进行热场互动，逐步进入品牌介绍环节 **2. 产品介绍** 　直播进入主体部分，主播对本次直播的主打产品进行介绍，宣传其卖点和特色 **3. 促销活动** ☆主播讲解直播期间的促销活动，介绍优惠活动的规则，引导观众下单 ☆直播活动进入尾声，主播针对下次直播活动进行宣传预热 **工作重点** 　产品介绍是直播活动的重要环节，运营部应要求主播对产品的多方面属性和特质进行讲解及演示 **工作标准** ☆质量标准：直播活动过程中，直播人员与观众互动积极、节奏欢快、客单价高 ☆考核标准：直播活动进程顺利，无重大失误和恶性事件 **考核指标** 　直播活动合格率：该指标用于考核运营部管理直播账号运营工作的质量和水平 $$直播活动合格率 = \frac{符合要求的直播活动数}{直播活动总数} \times 100\%$$
直播数据统计与分析	**执行程序** **1. 统计直播数据和成果** 　直播活动结束后，运营部对直播活动期间产生的各类数据进行统计，整理产品销售数据 **2. 编制直播数据分析报告** 　运营部根据对直播活动数据的统计和研究，编制直播数据分析报告，提交运营总监审批

（续表）

任务名称	执行程序、工作标准与考核指标
直播数据统计与分析	**执行程序**
	工作重点 运营部应熟练运用相关的专业数据分析工具，对直播统计数据进行全面分析
	工作标准 质量标准：直播活动数据统计结果准确无误、方法实用，并以图表的形式呈现
	考核指标 直播数据分析报告一次性审批通过率：该指标用于考核运营部统计、分析直播活动数据的工作成果 $$直播数据分析报告一次性审批通过率 = \frac{首次审批通过的报告数}{审批分析报告总数} \times 100\%$$
	执行规范
	"电商直播活动文案""品牌推广技巧""产品介绍技巧""电商直播催单技巧""直播数据分析报告"

电商运营管理 流程设计与工作标准

8.5 主播打造流程设计与工作执行

8.5.1 主播打造流程设计

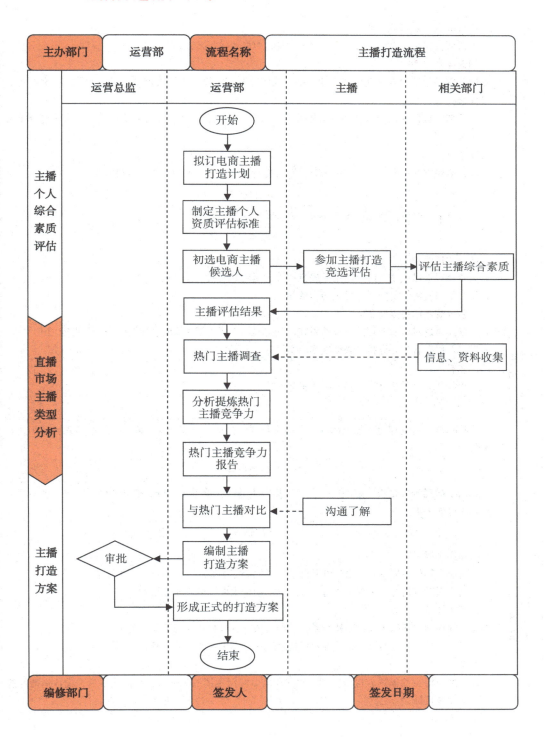

8.5.2　主播打造执行程序、工作标准、考核指标、执行规范

任务名称	执行程序、工作标准与考核指标
主播个人综合素质评估	**执行程序** **1.拟订电商主播打造计划** 　运营部根据<u>企业直播运营工作的需要</u>，拟订电商主播打造计划 **2.初选电商主播候选人** ☆运营部根据历史直播业绩和企业直播活动需求制定主播个人资质评估标准，初选一批电商主播候选人 ☆相关部门按照主播个人资质评估标准对初选的主播候选人进行综合素质评估，并将评估结果交至运营部 **工作重点** 　运营部要根据综合素质评估结果对候选人进行复选，筛选出高价值的打造对象
	工作标准 质量标准：资质评估标准体系完整、方法科学、侧重点突出
直播市场主播类型分析	**执行程序** **1.热门主播调查** ☆运营部对直播市场上的热门主播进行调查，研究其直播工作过程 ☆相关部门搜集信息资料并提供给运营部 **2.分析提炼热门主播竞争力** ☆运营部通过对市场上热门主播的研究，分析提炼不同类型主播的主要竞争力和关键能力 ☆运营部根据研究和分析结果编制热门主播竞争力报告 **工作重点** 　运营部要综合考察直播市场上热门主播的能力
	工作标准 考核标准：运营部对市场上的热门主播进行详细分类，全面搜集并调查每一个类别主播的核心竞争力
	考核指标 　热门主播竞争力报告的全面性：报告对热门主播的直播工作进行了精细的分析，每一个要素点都有相应的讲解
主播打造方案	**执行程序** **1.与热门主播对比** ☆运营部在热门主播竞争力报告的基础上，对比研究主播候选人的竞争力优缺项 ☆主播个人对打造对比过程发表意见，运营部明确主播打造方向和目标 **2.编制主播打造方案** ☆运营部根据与热门主播的对比结果，编制主播打造方案，提交运营总监审批 ☆主播打造方案审批通过，运营部根据批示意见形成正式的打造方案 **工作重点** 　运营部要对主播候选人进行归类，对比同类型热门主播的竞争力，找出优缺项，设计主播打造方向和改进目标

任务 名称	执行程序、工作标准与考核指标
主播 打造 方案	**工作标准**
	☆目的标准：主播打造方案应扬长避短，充分发挥主播候选人的长处，打造具备鲜明特色的主播 ☆内容标准：主播打造方案的内容包含外形改造、性格修饰、行为规范等
	考核指标
	主播打造方案一次性审批通过率：该指标主要考核运营部主播打造方案的编制质量 $$主播打造方案一次性审批通过率 = \frac{首次审批通过的方案数}{提交审批的方案总数} \times 100\%$$

执行规范
"电商主播打造计划""主播个人资质评估标准""热门主播竞争力报告""主播打造对比说明""主播打造方案"

8.6.1　热门主播选择管理流程设计

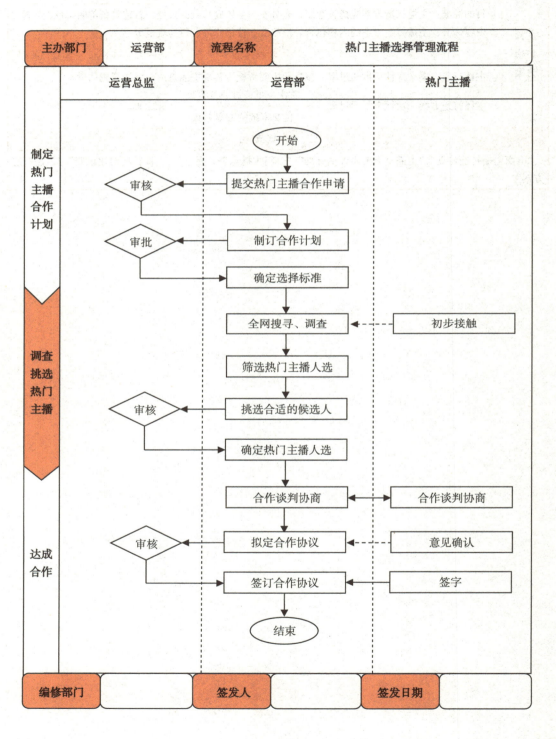

8.6.2　热门主播选择管理执行程序、工作标准、考核指标、执行规范

任务名称	执行程序、工作标准与考核指标
制订热门主播合作计划	**执行程序** **1. 提交热门主播合作申请** ☆运营部统计、分析阶段性电商产品销售数据，根据产品的实际销售情况确定是否需要热门主播带货 ☆运营部确定与热门主播合作的方式，向运营总监提交热门主播合作申请，请其审核 **2. 制订合作计划** ☆运营部根据运营总监的审核意见明确合作的要求和范围 ☆运营部确定热门主播带货推广的主体事项，按照要求规定热门主播合作的形式，制订热门主播合作计划，提交运营总监审批 **3. 确定选择标准** 　热门主播合作计划审批通过，运营部根据企业电商运营策略的要求，结合企业的公众形象，确定热门主播的类型、专业范围、社会影响力等选择标准 **工作重点** 　运营部应结合企业实际情况确定热门主播的选择标准，正向、正面、正确是重要考查因素 **工作标准** ☆质量标准：热门主播合作计划应明确规定热门主播与企业的合作形式、时间、内容等 ☆审核标准：热门主播选择标准必须涵盖主播的态度、行为、专业能力等关键因素
调查挑选热门主播	**执行程序** **1. 全网搜寻、调查** ☆运营部了解热门主播行业市场，搜寻影响力大、群体受众面广的备选热门主播 ☆运营部对热门主播进行初步的调查了解，与热门主播接触并明确对方的合作条件 ☆根据热门主播选择标准，运营部对热门主播进行评估，筛选出合适的热门主播人选 **2. 挑选合适的候选人** ☆运营部挑选合适的热门主播候选人，整理热门主播资料，编制热门主播选择方案，提交运营总监审核 ☆运营部根据运营总监的选择意见确定热门主播人选 **工作重点** 　运营部在搜寻和选择主播时，应对热门主播进行仔细深入的调查，了解其带货历史和口碑 **工作标准** ☆质量标准：运营部必须详细调查了解热门主播候选人的历史行为、事迹，严格过滤掉存在违规、违法行为的主播 ☆效率标准：热门主播选择方案应在＿＿个工作日内提交运营总监审核 **考核指标** 　热门主播候选人合格率：该指标用于考核运营部挑选热门主播的能力 $$热门主播候选人合格率 = \frac{合格的热门主播人数}{热门主播候选人总数} \times 100\%$$

任务名称	执行程序、工作标准与考核指标
达成合作	**执行程序** **1. 合作谈判协商** 　运营部向确定的热门主播人选表达明确的合作意向，双方就合作事宜进行协商，争取达成一致意见 **2. 拟定合作协议** ☆运营部根据双方协商事宜拟定合作协议，热门主播查看、确认合作协议 ☆合作协议双方确认无意见后，运营部将合作协议提交运营总监审核 **3. 签订合作协议** 　合作协议经运营总监审核无误后，运营部代表企业与热门主播签订合作协议 **工作重点** 　运营部在谈判协商、拟定合作协议时，必须严格按照企业规定执行，维护企业的利益
	工作标准 ☆审核标准：合作协议的拟定与签订必须符合企业合同管理规定的要求 ☆质量标准：正确、有效、及时地完成合作协议的签订工作
	执行规范
	"电商运营策略管理规定""企业对外合作工作管理制度""热门主播选择标准规定"

8.7.1   直播活动脚本设计流程

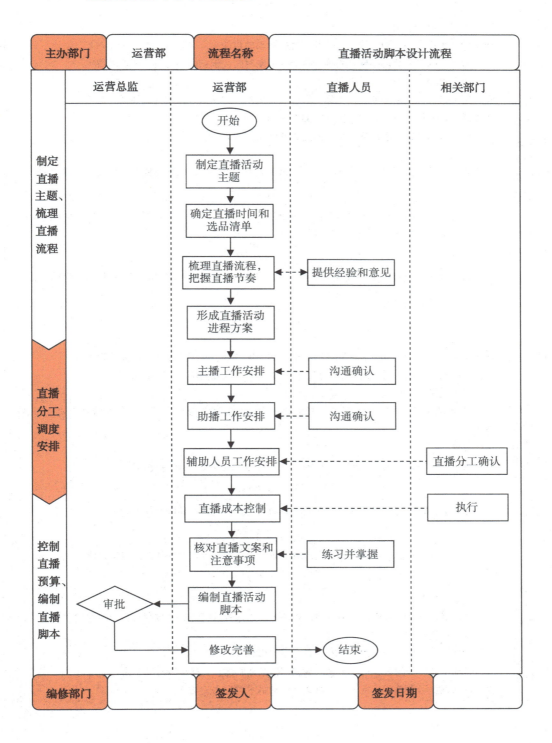

8.7.2　直播活动脚本设计执行程序、工作标准、考核指标、执行规范

任务名称	执行程序、工作标准与考核指标
明确直播主题、梳理直播流程	**执行程序**
	1.制定直播活动主题
	☆运营部制定直播活动主题，明确开展直播活动的目的
	☆运营部根据直播活动排期计划确定直播的活动时间，根据活动主题选定产品清单
	2.梳理直播流程，把握直播节奏
	☆运营部设计直播活动的具体流程，为各个事项梳理时间进程，把握直播活动的节奏
	☆直播人员根据工作经验，提供一定的意见和建议
	☆运营部根据直播活动流程安排，制定直播活动进程方案
	工作重点
	直播活动的目的包含回馈粉丝、新品上市和大型促销等，运营部要结合目的明确直播主题
	工作标准
	☆内容标准：直播流程梳理包含开场、热场互动、品牌介绍、产品介绍、产品主打和催单等
	☆目的标准：直播活动主题与活动目的保持一致，满足企业的特定需求
	考核指标
	直播活动流程梳理的准确性和全面性：每一个直播流程的时长要精确到分钟，做到无遗漏、无错漏
直播分工调度安排	**执行程序**
	1.主播工作安排
	☆运营部为主播安排直播活动期间的工作，如引导观众、介绍产品、解释活动规则等
	☆运营部安排助播在活动期间的工作，如现场互动、回复问题、发送优惠信息等
	2.辅助人员工作安排
	运营部安排直播活动各部门辅助人员的工作，如解答消费者问题、配合直播进程修改产品价格等
	工作重点
	运营部要对主播、助播、辅助人员的动作、行为、语言做出规范性指导
	工作标准
	质量标准：运营部直播活动分工明确、界限清晰，人员各司其职、调度合理
	考核指标
	直播分工的合理性：运营部要使人人有事做，人岗能匹配，发挥各人的最大价值
控制直播预算、编制直播脚本	**执行程序**
	1.直播成本控制
	运营部对直播活动期间的产品价格优惠和产品赠送等进行计算，控制直播活动的成本
	2.编制直播活动脚本
	☆运营部检查直播活动文案，核对注意事项的内容
	☆运营部将各部分的内容进行汇总，编制直播活动脚本，提交运营总监审批
	☆运营部根据运营总监的批示意见对直播活动脚本进行修改与完善

任务名称	执行程序、工作标准与考核指标
控制直播预算、编制直播脚本	**执行程序**
	工作重点 运营部要在企业可承受的范围内考虑直播活动的优惠组合，确保直播活动成本可控
	工作标准
	☆依据标准：直播活动成本控制符合企业市场营销活动管理制度的规定 ☆质量标准：直播活动脚本内容详细、要素全面、切实可行
	考核指标
	直播活动脚本一次性审批通过率：该指标用于反映运营部编制直播活动脚本的水平 直播活动脚本一次性审批通过率 $= \dfrac{\text{首次审批通过的脚本数}}{\text{提交审批的脚本总数}} \times 100\%$

执行规范
"直播活动选品清单""直播活动进程方案""直播活动分工调度安排""直播活动脚本"

第8章 电商直播管理

8.8　直播销售管理流程设计与工作执行

8.8.1　直播销售管理流程设计

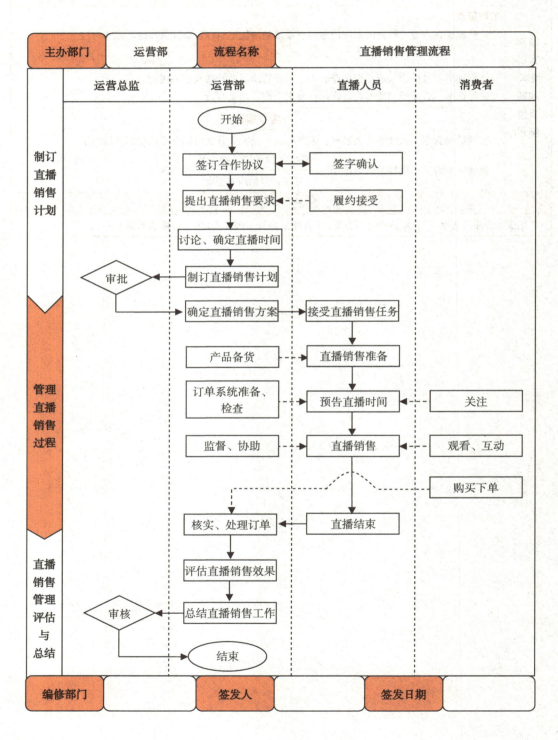

主办部门	运营部	流程名称	直播销售管理流程

运营总监　　运营部　　直播人员　　消费者

制订直播销售计划

开始
↓
签订合作协议 ←→ 签字确认
↓
提出直播销售要求 ←-- 履约接受
↓
讨论、确定直播时间
↓
审批 ← 制订直播销售计划
↓
确定直播销售方案 → 接受直播销售任务

管理直播销售过程

产品备货 --→ 直播销售准备
订单系统准备、检查 --→ 预告直播时间 ←-- 关注
监督、协助 --→ 直播销售 ←-- 观看、互动
购买下单
核实、处理订单 ← 直播结束

直播销售管理评估与总结

评估直播销售效果
↓
审核 ← 总结直播销售工作
↓
结束

编修部门		签发人		签发日期	

8.8.2 直播销售管理执行程序、工作标准、考核指标、执行规范

任务名称	执行程序、工作标准与考核指标
制订直播销售计划	**执行程序** **1. 签订合作协议** 　运营部按照电商产品销售计划的选择标准确定主播人选，双方协商一致后确认合作意向，签订合作协议 **2. 提出直播销售要求** ☆运营部根据产品销售计划的安排，确定产品的活动日程，向合作的主播提出直播销售要求 ☆主播按合作协议的要求履行工作职责 **3. 制订直播销售计划** ☆运营部根据产品的活动日程，讨论、确定产品直播时间 ☆根据确定的产品直播时间，运营部制订直播销售计划，提交运营总监审批 **工作重点** 　运营部必须合理地确定产品的活动日程，保证运营活动期间有效地增加产品在平台上的曝光量和销售量 **工作标准** ☆目标标准：产品活动日程准确地与社会固定热点时间相匹配，积极抓取流量 ☆内容标准：直播销售计划应包含详细的直播时间、直播活动项目、直播流程等重要因素，且主题必须符合社会文化主旋律 **考核指标** 　直播销售计划一次性通过率：该指标用于考核运营部制订直播销售计划的能力和水平 $$直播销售计划一次性通过率 = \frac{首次审批通过的计划数}{提交审批的计划总数} \times 100\%$$
管理直播销售过程	**执行程序** **1. 接受直播销售任务** ☆直播销售计划审批通过，运营部结合产品特点确定直播销售方案，与主播沟通后确定销售任务 ☆主播接受直播销售任务，与运营部核对方案执行细节 **2. 直播销售准备** ☆运营部根据合作主播的网络影响力和日常直播流量水平，判断预期销售情况，提前备货 ☆主播做好直播销售前的准备工作，了解并学习产品知识、撰写直播文案、制定直播销售流程等 **3. 预告直播时间** ☆运营部根据各直播销售平台提供的产品购买方式，检查销售订单系统，确认软件和硬件的运行状态 ☆主播在直播平台上预告直播时间，吸引消费群体的关注 **4. 直播销售** ☆主播按照直播销售方案执行直播销售任务，在优势直播平台上进行直播，宣传推广产品 ☆运营部监督主播的直播销售过程，同时给予必要的工作支持 **5. 核实、处理订单** ☆主播根据直播销售方案的要求，达到规定的标准后结束直播 ☆消费者购物下单，运营部核实系统订单，处理订单后发送给货仓

任务名称	执行程序、工作标准与考核指标
管理直播销售过程	**执行程序** **工作重点** ☆直播销售执行方案应具体到每一步，并且运营部要与主播多次核对沟通，确保执行结果达到预期效果 ☆运营部与采供物流部合作，确保各个渠道的产品备货充足，检查销售订单系统，做好基础保障 **工作标准** ☆内容标准：直播销售执行方案必须清楚地表明每一个活动流程的执行任务、执行人、执行标准等重要内容 ☆考核标准：各个渠道备货充足，销售订单系统运行顺畅，无故障 **考核指标** 产品备货及时率：该指标是对运营部与采供物流部协调工作成果的直接考查，也是影响消费者购物体验的重要因素 $$产品备货及时率 = \frac{及时备货的次数}{备货总次数} \times 100\%$$
直播销售管理评估与总结	**执行程序** **1. 评估直播销售效果** 运营部对主播的直播销售工作进行评估，统计销售数据，判断主播的实际带货水平和直播效果 **2. 总结直播销售工作** 运营部根据主播直播销售工作的评估成果，总结主播直播销售工作的经验和教训，撰写总结报告，提交运营总监审核 **工作重点** ☆运营部应客观、真实地评估直播销售的成绩与成果 ☆总结报告应全面、深刻，有利于运营部进一步改进与完善自身工作 **工作标准** ☆质量标准：直播销售评估成果必须全面地反映该工作的成绩、缺失、优势、问题等内容 ☆效率标准：总结报告应在____个工作日内提交运营总监审核 **考核指标** ☆评估全面性：运营部对直播销售工作的全面评估是提升自身工作能力的重要保证，要素覆盖率不得低于85% ☆直播销售总结报告一次性审批通过率：该指标是对运营部直播销售工作总结质量的直接反映 $$直播销售总结报告一次性审批通过率 = \frac{首次审批通过的总结报告数}{提交审批的报告总数} \times 100\%$$
执行规范	
"产品销售计划""直播销售管理制度""直播销售行为规范""直播销售成果评估报告""直播销售工作总结报告"	

8.9 粉丝运营管理流程设计与工作执行

8.9.1 粉丝运营管理流程设计

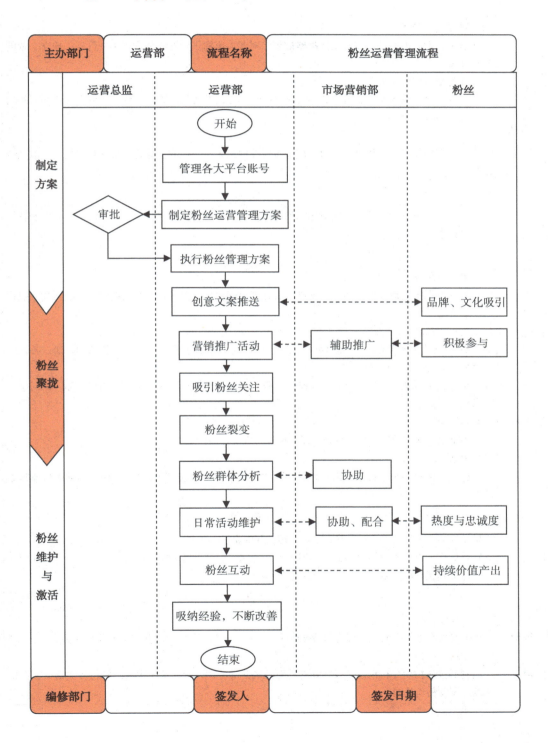

8.9.2　粉丝运营管理执行程序、工作标准、考核指标、执行规范

任务名称	执行程序、工作标准与考核指标
制定方案	**执行程序** **1.管理各大平台账号** 　运营部按照企业品牌和文化发展战略的要求对各大电商平台的账号进行统一管理，树立一致的对外形象 **2.制定粉丝运营管理方案** 　运营部根据电商市场营销战略，结合不同平台具体的管理规定，制定粉丝运营管理方案，提交运营总监审批 **工作重点** 　运营部编制粉丝运营管理方案时，应参考行业内或者跨行业的优秀企业的实际案例，吸取其成功经验 **工作标准** 　内容标准：粉丝运营管理方案应包括粉丝获取、粉丝互动、粉丝维护、粉丝调动、粉丝变现等方面的内容
粉丝聚拢	**执行程序** **1.创意文案推送** 　运营部根据电商市场营销战略的安排，有计划地围绕某一类或几类主题创作文字、图片、视频等文案内容 **2.营销推广活动** ☆运营部按照企业营销计划的进程，在各个平台上发布企业营销、促销和宣传活动，通过各种活动实现企业营销推广的目标 ☆市场营销部根据企业营销计划的安排，对各大平台上的活动予以支持，协调相关部门共同做好营销推广活动 **3.粉丝裂变** 　运营部设计一些分享、推送活动，促进粉丝的口碑传播和裂变 **工作重点** 　运营部应注意各个平台上的活动要保持一致，确保企业的整体形象统一，便于与粉丝快速建立联系 **工作标准** ☆依据标准：电商营销活动要符合企业营销计划的要求 ☆审核标准：电商营销活动要满足鲜明的活动主题、积极正向的整体价值导向、富有调动性的活动渲染气氛等重要条件
粉丝维护与激活	**执行程序** **1.粉丝群体分析** 　根据粉丝在平台上的日常行为和活跃情况，运营部对其进行行为分析，并制作群体画像 **2.日常活动维护** 　运营部根据粉丝分析情况，设计具有针对性的活动主题，定期或不定期地举行各类活动，保持热度、调动粉丝热情

任务名称	执行程序、工作标准与考核指标
粉丝维护与激活	**执行程序** **3. 粉丝互动** 　运营部在日常的维护活动中与粉丝充分互动，维护粉丝的忠诚度和热情，并进一步了解粉丝对企业产品或服务的印象与需求 **4. 吸纳经验，不断改善** 　运营部听取粉丝意见，不断改进粉丝运营管理问题，提高粉丝运营管理水平，提升粉丝管理能力 **工作重点** 　运营部的工作人员要时刻注意自身言行，在与粉丝互动的过程中言行举止应得体
	工作标准 ☆依据标准：根据粉丝的关注时间、兴趣爱好、活跃程度、购买力、职业等对粉丝进行分析画像 ☆内容标准：日常活动互动包括内容分享、签到打卡、征集有奖、红包接龙等
	考核指标 　粉丝变现值：该指标是对运营部粉丝管理工作成果的直接反映，粉丝变现值越高，粉丝运营管理越成功
执行规范	
"粉丝运营管理方案""粉丝群体分析报告""电商市场营销战略""粉丝运营维护计划"	

第8章 电商直播管理

9.1　店铺流量管理

9.1.1　流程设计目的

对店铺流量实施流程管理的目的如下：

（1）确保店铺流量管理工作的全过程可控，规范流量管理的操作流程，使流量管理各项工作效能最大化；

（2）提升店铺流量获取能力，加强对店铺流量的控制，增强流量的转化率，进一步增强店铺的竞争力。

9.1.2　流程结构设计

店铺流量管理将流量管理细分为 7 个事项，分别就每个事项设计流程，具体的结构设计如图 9-1 所示。

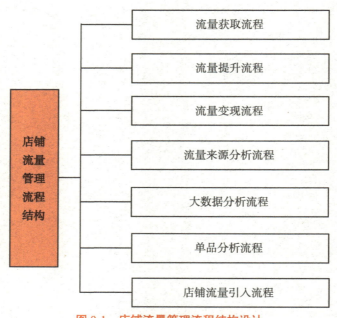

图 9-1　店铺流量管理流程结构设计

9.2 流量获取流程设计与工作执行

9.2.1 流量获取流程设计

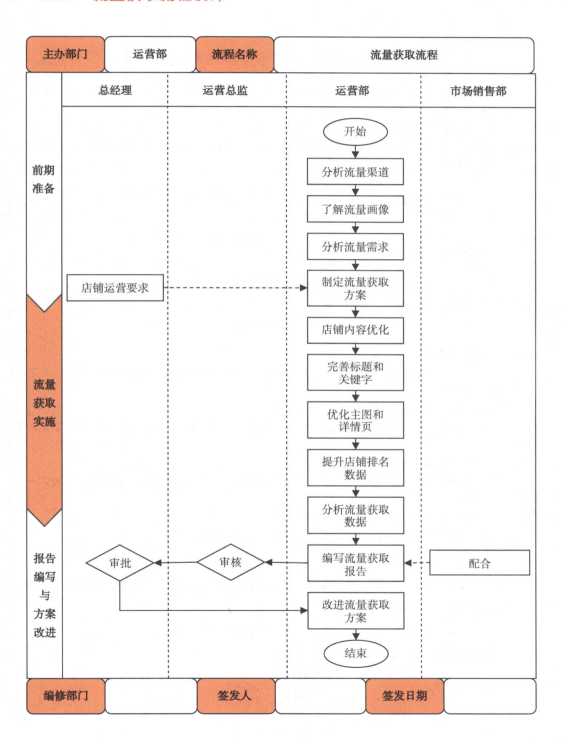

9.2.2　流量获取执行程序、工作标准、考核指标、执行规范

任务名称	执行程序、工作标准与考核指标
前期准备	**执行程序** **1.分析流量渠道** 　运营部根据现有流量情况，分析流量来源渠道，了解现有渠道来源和基本信息 **2.分析流量需求** 　确定流量渠道后，对流量基本信息进行分析，了解流量画像，并根据流量画像信息分析流量需求 **3.制定流量获取方案** 　运营部根据店铺运营要求，制定流量获取方案，内容包括流量获取渠道、流量获取成本及流量获取方式等 **工作重点** 　运营部需结合店铺实际运营情况与预算要求制定流量获取方案，将获取成本控制在预算范围内 **工作标准** 　参照标准：流量分析报告 **考核指标** 　流量获取方案需要在＿＿个工作日内完成
流量获取实施	**执行程序** **1.店铺内容优化** 　运营部对店铺内容进行优化，包括产品标题、关键字、产品主图及详情页介绍，增加店铺对流量的吸引力 **2.提升店铺排名数据** 　运营部对店铺经营数据进行分析，改善影响店铺排名的因素，提升店铺排名，增加店铺的曝光率 **3.分析流量获取数据** 　运营部对流量获取数据进行分析，了解新流量的来源渠道、地域信息、年龄结构、转化率和消费习惯等 **工作重点** 　顾客和市场细分应结合店铺定位和顾客属性进行，使顾客与店铺定位相匹配 **工作标准** 　目标标准：通过对店铺页面进行优化，增强店铺的曝光度，提升店铺对流量的吸引力，增加流量获取数量 **考核指标** 　流量获取增长率：用于检验店铺优化的效果 $$流量获取增长率 = \frac{优化后的流量增长数量}{优化前的流量获取数量} \times 100\%$$

任务 名称	执行程序、工作标准与考核指标
报告 编写 与 方案 改进	**执行程序** **1.编写流量获取报告** 　运营部将收集和分析的资料进行整理，编写流量获取报告，为日后流量获取工作提供依据 **2.改进流量获取方案** 　根据流量获取报告的相关信息，改进流量获取方案，使方案更加科学化、合理化 **工作重点** 　改进流量获取方案时，需要对市场环境变化和店铺运营策略有合理预估，并根据发展变化情况及时调整流量获取方案的内容 **工作标准** ☆质量标准：流量获取方案合理可行，能为店铺流量获取提供方法指导 ☆效率标准：流量获取报告需要在＿＿＿个工作日内编写完成
	执行规范
“流量分析工作规范”“流量获取方案”“流量获取报告”	

第9章 店铺流量管理

9.3.1 流量提升流程设计

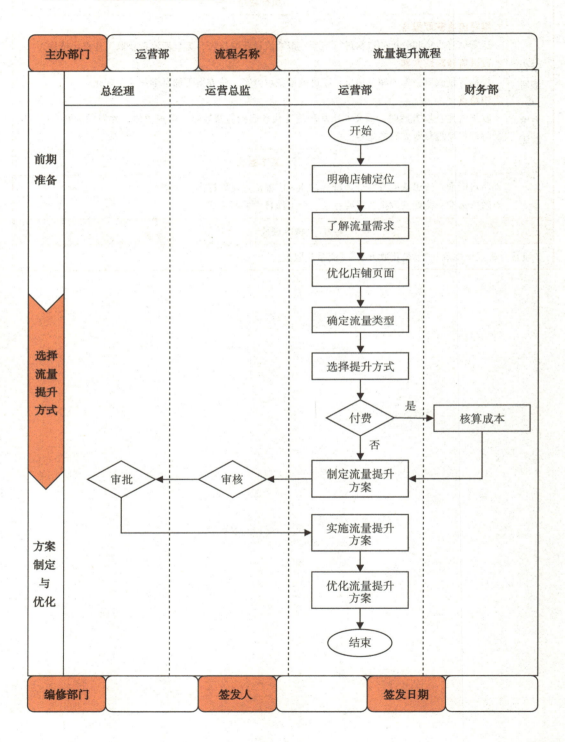

9.3.2 流量提升执行程序、工作标准、考核指标、执行规范

任务名称	执行程序、工作标准与考核指标
前期准备	**执行程序** **1.明确店铺定位** 　运营部进一步明确店铺定位，传达店铺定位信息，加强流量对店铺的印象 **2.了解流量需求** 　运营部对流量进行调研，了解流量需求，并针对流量需求制定引流的策略 **3.优化店铺页面** 　运营部根据店铺定位和流量需求分析结果，对店铺页面进行优化，增强店铺对流量的吸引力 **工作重点** 　运营部进行店铺页面优化时，需要做好页面优化方案和预算，使页面优化工作合理可控 **工作标准** 　参照标准：店铺定位方案、流量分析报告
选择流量提升方式	**执行程序** **1.确定流量类型** 　运营部根据流量分析确定流量类型，分析各类型流量占比信息 **2.选择提升方式** ☆运营部根据流量类型的分析结果，选择对应的流量提升方式 ☆对于付费的流量提升方式，由财务部进行成本核算 **工作重点** 　在选择流量提升方式时，运营部应对该方式的提升效果进行调查，确保流量最大化提升 **工作标准** 　依据标准：运营部选择流量提升方式时，一般可从投入成本、平台、流量周期增长率、流量转化率等方面考虑 **考核指标** 　各方式的流量增长率：用于衡量不同提升方式的效果
方案制定与优化	**执行程序** **1.制定流量提升方案** 　运营部确定流量类型和流量提升方式后，制定流量提升方案，内容包括流量提升目的、流量提升方式、流量提升成本及参与人员等。方案经运营总监审核、总经理审批通过后实施 **2.优化流量提升方案** 　根据流量获取报告的相关信息，优化流量提升方案，使方案更加科学合理 **工作重点** 　运营部要重点关注方案实施过程中存在的问题，以便对流量提升方案进行调整与优化 **工作标准** 　质量标准：流量提升方案切实可行，能对店铺流量提升起到建设性作用 　效率标准：流量提升方案需要在＿＿个工作日内制定完成 **考核指标** 　流量提升方案的优化采纳率：目标值为100% 　$$流量提升方案的优化采纳率 = \frac{被采纳的优化意见数}{提出的优化意见总数} \times 100\%$$

执行规范
"店铺页面优化规范""流量提升成本核算工作规范""流量提升方案"

9.4 流量变现流程设计与工作执行

9.4.1 流量变现流程设计

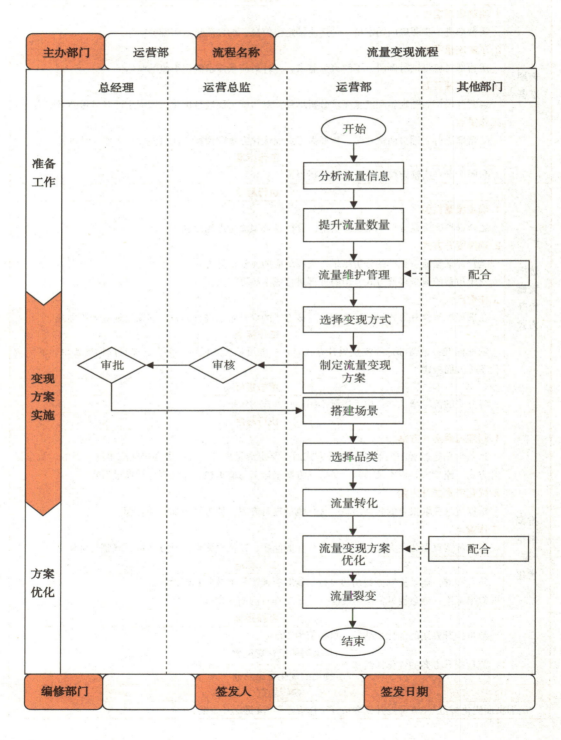

主办部门	运营部	流程名称	流量变现流程

	总经理	运营总监	运营部	其他部门
准备工作			开始 → 分析流量信息 → 提升流量数量 → 流量维护管理	配合
变现方案实施	审批	审核	选择变现方式 → 制定流量变现方案 → 搭建场景 → 选择品类 → 流量转化	
方案优化			流量变现方案优化 → 流量裂变 → 结束	配合

编修部门		签发人		签发日期	

9.4.2 流量变现执行程序、工作标准、考核指标、执行规范

任务名称	执行程序、工作标准与考核指标
准备工作	**执行程序** **1.分析流量信息** 运营部对现有流量进行分析，了解现有流量的基本信息、消费习惯、购物偏好等 **2.提升流量数量** 运营部制定推广策略，吸引新流量关注，提升流量数量，扩大流量池容量 **3.流量维护管理** 运营部与各部门配合对流量进行维护管理，增强流量黏性 **工作重点** 运营部进行流量维护管理时，需加强与流量的日常互动，与流量建立良好的关系 **工作标准** 参照标准：店铺流量维护管理工作规范
变现方案实施	**执行程序** **1.选择变现方式** 运营部根据店铺运营情况，选择合适的变现方式，并针对变现方式进行可行性分析 **2.制定流量变现方案** 运营部根据流量变现的要求和变现方式的选择，制定对应的流量变现方案，由运营总监审核、总经理审批通过后实施 **3.流量变现过程实施** ☆运营部通过场景搭建，触发流量情绪和流量需求，将流量导入具体的产品中 ☆运营部根据流量及店铺的实际情况，选择合适的产品，提高变现效率 ☆确定好场景和产品品类后，运营部将转化流程进行细化，通过各项活动提高流量的转化率 **工作重点** 在流量变现实施过程中，运营部应实时关注流量的情况，并针对实际情况对方案做出适当调整 **工作标准** 质量标准：流量变现方案切实可行、建设性强 **考核指标** 流量变现率：用以衡量流量变现方案的实施效果 $$流量变现率 = \frac{已变现流量数}{流量总数} \times 100\%$$
方案优化	**执行程序** **1.流量变现方案优化** 运营部根据流量变现方案实施情况，结合各部门建议，对流量变现方案进行优化，增加流量变现活动对流量的吸引力 **2.流量裂变** 运营部制定策略，使已有流量不断裂变，不断扩大流量数据，打造流量自动化，形成良好的变现循环

任务名称	执行程序、工作标准与考核指标
方案优化	**执行程序**
	工作重点 　　运营部应重点关注现有流量在裂变过程中出现的问题，并对变现方案进行改进
	工作标准
	☆方法标准：根据店铺情况，采用合适的方式进行流量裂变，一般可采用口碑裂变、拼团裂变、邀请裂变、奖励裂变等 ☆目标标准：通过优化流量变现方案，提高流量转化率，提升销售业绩
	考核指标
	流量变现增长率：用以检验流量裂变工作成效 $$流量变现增长率 = \frac{裂变后流量变现增长数}{裂变后流量总数} \times 100\%$$
执行规范	
"店铺流量维护管理工作规范""流量变现活动工作要求"	

电商运营管理 流程设计与工作标准

9.5.1 流量来源分析流程设计

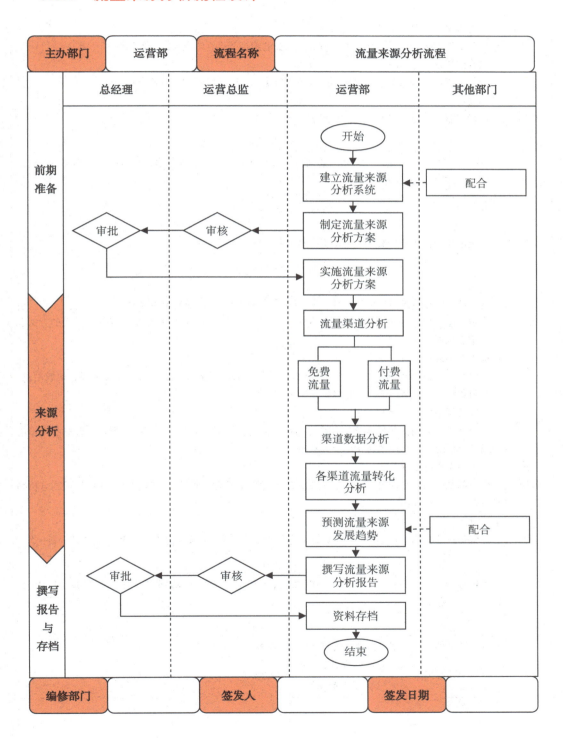

9.5.2 流量来源分析执行程序、工作标准、考核指标、执行规范

任务名称	执行程序、工作标准与考核指标
前期准备	**执行程序** **1.建立流量来源分析系统** 　运营部根据店铺流量现状，在其他部门人员的配合下建立流量来源分析系统 **2.制定流量来源分析方案** 　运营部制定流量来源分析方案，内容包括流量来源分析的目的、分析方法、分工安排等 **工作重点** 　运营部需结合运营实际情况建立流量来源分析系统 **工作标准** ☆依据标准：建立流量来源分析系统时，一般可从流量渠道、各渠道占比数据、基本信息、稳定性、分布情况等方面进行考虑 ☆质量标准：流量来源分析方案切实可行、建设性强 **考核指标** 　流量来源分析方案需要在＿＿＿个工作日内制定完成
来源分析	**执行程序** **1.流量渠道分析** ☆运营部对流量渠道进行分析，并对来自不同渠道的流量信息进行分类整理 ☆渠道类型一般分为免费流量渠道和付费流量渠道，针对不同的流量渠道，其数据分析的方法和侧重点有所不同 **2.渠道数据分析** 　运营部对不同渠道的流量数据进行分析，了解各渠道流量的年龄结构、性别结构、地域信息、终端设备信息、消费习惯、占比情况等 **3.各渠道流量转化分析** 　运营部对各渠道流量的消费转化率进行统计分析，了解各渠道流量转化情况，并针对各渠道的流量转化情况制定相应的转化率提升策略 **4.预测流量来源发展趋势** 　运营部结合市场情况和流量分析情况，对流量来源发展趋势进行合理预测，并根据预测分析结果制定流量推广方案 **工作重点** 　运营部在分析流量渠道时，可将渠道数据按渠道类别进行细分，以便分渠道开展统计分析工作 **工作标准** 　目标标准：通过分析流量渠道，掌握流量信息，进一步优化流量管理，提高对流量的吸引力，提升流量转化率 **考核指标** 　分析结果准确率：用以衡量运营部流量来源分析工作的效果 $$分析结果准确率 = \frac{分析结果准确的次数}{分析总次数} \times 100\%$$

（续表）

任务名称	执行程序、工作标准与考核指标
撰写报告与存档	**执行程序** **1. 撰写流量来源分析报告** 　运营部以调查和分析的资料为依据，按分析的过程及结果撰写流量来源分析报告 **2. 资料存档** 　运营部将通过审批的流量来源分析报告连同相关资料一并存档 **工作重点** 　流量来源分析报告按相关要求进行撰写与存档，以便为日后工作提供依据
	工作标准 质量标准：分析报告内容全面、合理、建设性强
	考核指标 ☆流量来源分析报告撰写完成的时间：应在____个工作日内撰写完成 ☆流量来源分析报告一次性通过率：目标值为100% $$流量来源分析报告一次性通过率 = \frac{报告一次性通过的次数}{报告提交总次数} \times 100\%$$

执行规范
"渠道数据统计表""流量来源分析报告"

9.6.1 大数据分析流程设计

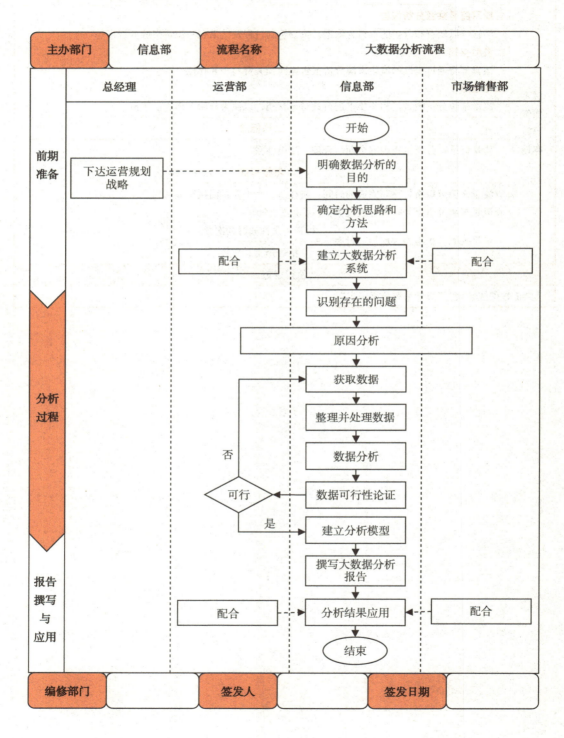

9.6.2 大数据分析执行程序、工作标准、考核指标、执行规范

任务名称	执行程序、工作标准与考核指标
前期准备	**执行程序** **1. 明确数据分析的目的** 　信息部根据运营规划战略要求，明确数据分析的目的，并确定大数据分析的思路和方法 **2. 建立大数据分析系统** 　信息部根据市场销售部和运营部的相关需求，在相关人员的配合下，建立符合运营发展需求的大数据分析系统 **工作重点** 　信息部需结合运营需求和发展需求建立大数据分析系统，并确保其符合运营规划战略要求 **工作标准** 　完成标准：大数据分析系统建立并投入使用
分析过程	**执行程序** **1. 问题识别及分析** 　信息部通过大数据分析系统对现有数据进行分析，发现现有数据中存在的问题，并与运营部和市场销售部协作分析问题存在的原因 **2. 数据收集与整理** 　信息部根据数据分析框架收集相关数据，并将收集到的数据进行整理加工，过滤不需要的数据，并对数据进行转换、提取等处理，为后续的数据分析工作提供便利 **3. 数据可行性论证** ☆信息部根据数据情况，对数据进行可行性论证，判断现有数据是否丰富、准确 ☆对于论证可行的数据，信息部根据数据情况建立数据分析模型；若论证的数据不可行，则加强对数据的收集工作，扩大数据容量 **工作重点** 　在分析流量渠道时，信息部应将渠道数据按渠道类型进行细分，以便分渠道开展统计分析工作 **工作标准** 　方法标准：采用科学的大数据分析模型进行数据分析，一般有漏斗分析模型、留存分析模型、属性分析模型、行为路径分析模型等 **考核指标** ☆数据整理与处理工作需要在_____个工作日内完成 ☆数据可行性分析通过率：用以衡量信息部数据收集整理工作的成果，目标值为_____% $$数据可行性分析通过率 = \frac{数据可行性分析通过的次数}{数据可行性分析次数} \times 100\%$$
报告撰写与应用	**执行程序** **1. 撰写大数据分析报告** 　信息部根据搜集到的数据信息，按分析的过程及结论撰写大数据分析报告 **2. 分析结果应用** 　信息部在市场销售部和运营部的配合下，将大数据分析结果应用到实际运营中，进一步提高企业运营水平

任务名称	执行程序、工作标准与考核指标
报告撰写与应用	**执行程序**
	工作重点 大数据分析报告按相关要求进行撰写并存档，以便为日后工作提供依据
	工作标准
	质量标准：大数据分析报告内容全面、合理、应用性强
	考核指标
	☆大数据分析报告撰写完成的时间：应在____个工作日内撰写完成 ☆大数据分析结果的采纳率：用于衡量大数据分析工作的质量 $$大数据分析结果的采纳率 = \frac{分析结果可采纳数}{分析结果总数} \times 100\%$$
	执行规范
	"数据处理工作规范""数据统计表""数据可行性分析报告""大数据分析报告"

电商运营管理 流程设计与工作标准

9.7　单品分析流程设计与工作执行

9.7.1　单品分析流程设计

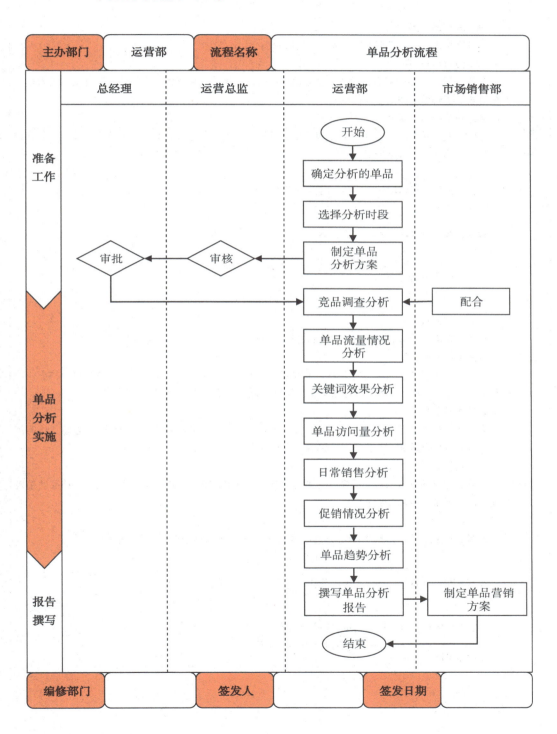

9.7.2 单品分析执行程序、工作标准、考核指标、执行规范

任务名称	执行程序、工作标准与考核指标
准备工作	**执行程序** **1. 确定分析的单品** 　运营部根据企业运营情况确定需要分析的单品 **2. 选择分析时段** 　需要分析的单品确定后，运营部根据单品情况，选择单品分析的时段，通过对一定时段内单品的分析，了解单品的销售起伏性 **3. 制定单品分析方案** 　运营部制定单品分析方案，内容包括单品分析目的、单品分析品类、单品分析时段、单品分析方法、单品来源、人员分工安排等 **工作重点** 　分析单品和分析时段的确定需要符合运营实际情况 **工作标准** 参照标准：竞争对手单品分析方案 **考核指标** 单品分析方案需要在＿＿＿个工作日内制定完成
单品分析实施	**执行程序** **1. 竞品调查分析** 　运营部在市场销售部的配合下对竞品进行调查分析，了解竞品的销量、访客等信息 **2. 单品流量情况分析** 　运营部对单品流量情况进行分析，了解某时段的单品详情页浏览情况、单品流量渠道构成、单品流量来源和去向，了解单品流量的相关信息，为后续优化运营提供依据 **3. 单品访问量分析** 　运营部对单品的具体信息进行分析，分析内容包括单品的流量来源、关键词、访客量、访客信息等，了解每个因素与单品访问量的相关关系 **4. 日常销售分析** 　运营部对单品日常销售和促销情况进行分析，了解单品每日流量分布，大致推断出单品的销售起伏性，预测单品未来销售情况 **工作重点** 　运营部对单品进行分析时需全面细致、科学合理，并将调查分析信息进行细化 **工作标准** 效率标准：单品分析各项工作需要在＿＿＿个工作日内完成 **考核指标** 分析结果的可信度：用于衡量各项分析工作的质量 $$分析结果的可信度 = \frac{分析结果中无错误、漏洞的次数}{分析总次数} \times 100\%$$

任务名称	执行程序、工作标准与考核指标
报告撰写	**执行程序** **1.撰写单品分析报告** 　运营部以搜集到的数据信息为基础，按分析的过程及结论撰写单品分析报告 **2.制定单品营销方案** 　市场销售部根据单品分析报告制定单品营销方案，提高单品吸引力，提升单品销量 **工作重点** 　单品分析报告和单品营销方案需要根据市场和运营变化进行更新
	工作标准 　目标标准：通过对单品进行分析调查，掌握单品销售的基本情况，制定符合运营实际的单品销售方案，提高单品对流量的吸引力和转化率
	考核指标 　单品分析报告撰写完成的时间：应在＿＿＿个工作日内撰写完成
执行规范	
"单品流量统计表""单品销售情况统计分析""竞品分析工作规范"	

第9章 店铺流量管理

9.8.1 店铺流量引入流程设计

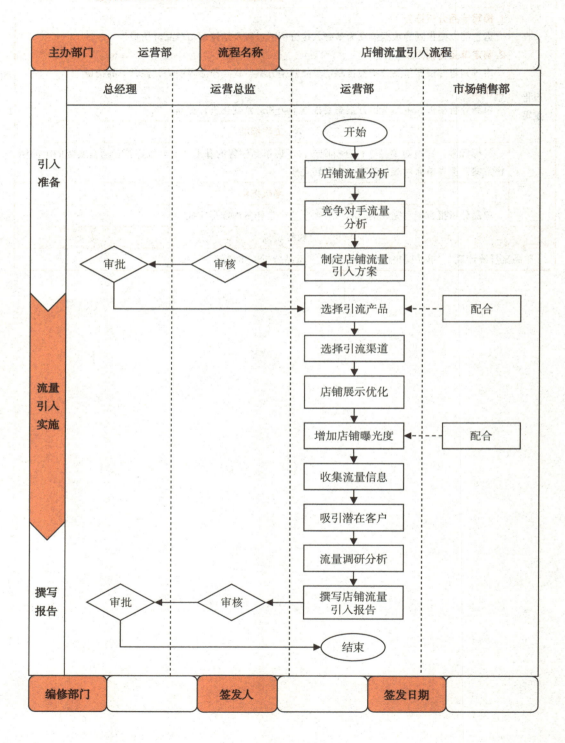

9.8.2　店铺流量引入执行程序、工作标准、考核指标、执行规范

任务 名称	执行程序、工作标准与考核指标
引入 准备	**执行程序** **1. 店铺流量分析** 　运营部对店铺现有流量进行分析，掌握流量现状和基本信息，同时做好现有流量的维护工作 **2. 竞争对手流量分析** 　运营部对竞争对手流量进行调查分析，了解竞争对手的流量情况及竞争对手的流量维护策略 **3. 制定店铺流量引入方案** 　根据店铺现有流量分析结果，结合竞争对手流量分析情况，运营部制定店铺流量引入方案，增强店铺流量引入 **工作重点** 　店铺流量引入方案的制定需与店铺运营情况和流量需求分析结果相结合 **工作标准** 质量标准：店铺流量引入方案合理可行、建设性强
流量 引入 实施	**执行程序** **1. 选择引流产品和渠道** 　运营部在市场销售部的配合下，选择引流产品，同时选择合适的引流渠道，为店铺流量引入打好基础 **2. 店铺展示优化** 　运营部根据流量需求及偏好，对店铺页面、主图、详情页等进行优化，提高店铺页面对流量的吸引力，增加店铺的曝光度 **3. 收集流量信息** 　运营部对店铺优化后的流量信息进行收集分析，了解优化后的流量分布情况 **4. 吸引潜在客户** 　运营部收集与店铺话题有关的信息，与店铺话题相关人员进行互动，吸引潜在客户 **工作重点** 　引流产品与引流渠道的选择需符合店铺运营要求 **工作标准** ☆参照标准：竞争对手流量引入方案 ☆完成标准：高效完成店铺优化和流量引入工作 **考核指标** ☆店铺优化工作：需要在____个工作日内完成 ☆流量增长率：用来衡量运营部流量引入方案的效果 $$流量增长率 = \frac{流量增长量}{流量总量} \times 100\%$$

（续表）

任务名称	执行程序、工作标准与考核指标
撰写报告	**执行程序** **1. 流量调研分析** 　运营部对流量进行调研，了解流量的相关信息及需求建议，并针对调查结果进行分析，制定相应的流量运营维护策略 **2. 撰写店铺流量引入报告** 　运营部根据收集的信息，以分析的结论为基础，结合实际情况撰写店铺流量引入报告，汇报店铺流量引入过程中存在的问题及解决方案 **工作重点** 　定期进行流量调研分析，并定期更新流量引入方案
	工作标准 　目标标准：通过对店铺流量的分析，了解店铺流量特点，优化店铺运营，增强店铺对流量的吸引力，提升店铺流量引入力度
	考核指标 　店铺流量引入报告撰写完成的时间：应在＿＿个工作日内撰写完成
执行规范	
"产品页面优化工作规范""流量调研报告""流量引入工作要求"	

电商运营管理 流程设计与工作标准

第**10**章 电商客服管理

10.1 电商客服管理流程设计

10.1.1 流程设计目的

电商运营对客服管理进行流程设计的目的如下：

（1）塑造良好的品牌形象，提高商品成交率，降低经营风险；

（2）增强客服人员的专业能力和职业素养，提高其服务水平。

10.1.2 流程结构设计

电商客服管理流程设计可采取并列式结构，将客服管理细分为 8 个事项，分别就每个事项设计流程，具体的结构设计如图 10-1 所示。

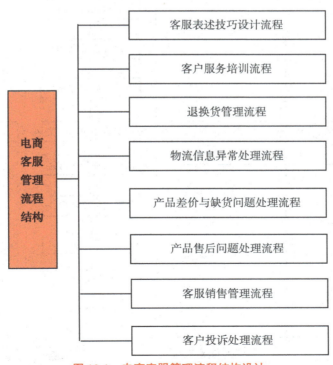

图 10-1 电商客服管理流程结构设计

10.2 客服表述技巧设计流程与工作执行

10.2.1 客服表述技巧设计流程

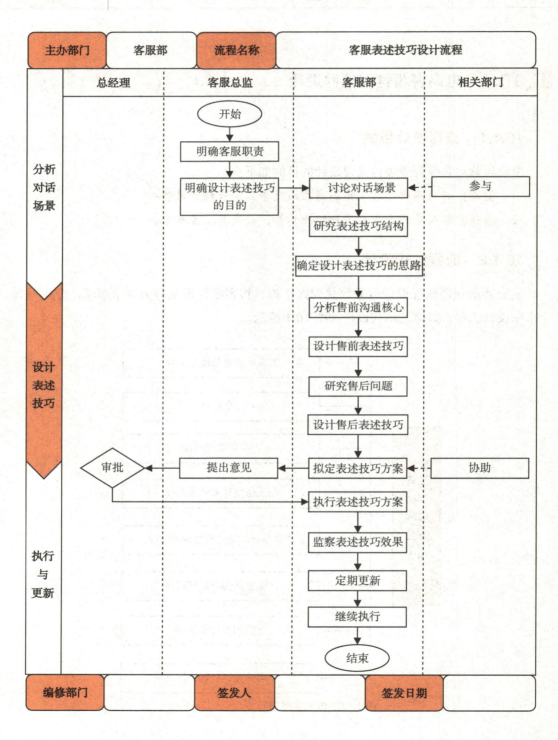

主办部门	客服部	流程名称	客服表述技巧设计流程

10.2.2　客服表述技巧设计执行程序、工作标准、考核指标、执行规范

任务名称	执行程序、工作标准与考核指标
分析对话场景	**执行程序** **1.明确设计表述技巧的目的** 　客服总监明确客服人员的岗位职责，制定客服指标，明确客服表述技巧的设计目的及重要性 **2.讨论对话场景** 　客服部联合相关部门，召开表述技巧讨论会，分析客服常遇的对话场景，如售前咨询、商品推荐、消费者砍价等 **3.确定设计表述技巧的思路** ☆客服部根据对话场景，研究客服表述技巧的语言结构，如对消费者的称呼、客服的自我介绍等 ☆客服部依据表述技巧结构，结合消费者的购买习惯，确定设计表述技巧的思路 **工作重点** ☆客服部分析对话场景时，可模拟消费者的购物场景，对消费者的消费行为进行全面的分析 ☆客服部在确定表述思路时，应始终明确重点，那就是通过表述技巧引导消费者购买，提高产品销量 **工作标准** 　时间标准：____个工作日内完成对话场景的分析工作
设计表述技巧	**执行程序** **1.设计售前表述技巧** ☆客服部依据对话场景，研究消费者购物前关注的核心问题，如商品质量、尺码、价格、发货时间等 ☆客服部针对售前的核心问题设计相应的表述技巧，解决消费者售前的各种疑问 **2.设计售后表述技巧** 　客服部研究售后出现的各种问题，如商品问题、物流信息异常、退换货等，并针对这些问题设计相应的表述技巧 **3.拟定表述技巧方案** ☆客服部联合相关部门将设计的表述技巧进行整理、汇总，拟定详细的表述技巧方案 ☆客服部在客服总监的指导意见下进一步完善表述技巧方案，并交于总经理审批 **工作重点** 　客服部拟定表述技巧方案时，需要建立相应的考核指标，确保客服人员规范使用表述技巧。考核指标包括平均响应时间、有效回复率、询单转化率、投诉率等，指标的目标值不能随意制定，应参考行业数据、平台考核数据进行综合分析，制定合理的考核指标与目标值 **工作标准** 　考核标准：表述技巧考核指标按照以上提及的重要数据制定，目标值须符合店铺整体经营状况
执行与更新	**执行程序** **1.执行表述技巧方案** ☆客服部将表述技巧方案下达至部门内部，客服人员严格执行 ☆客服部定期检查表述技巧方案的实施效果，对消费者进行服务调研，了解表述技巧中存在的问题

第 10 章　电商客服管理

任务名称	执行程序、工作标准与考核指标
执行与更新	**执行程序**
	2.定期更新
	☆客服部发现表述技巧有不足之处时，要及时进行调整
	☆客服部在店铺营销更新、变动时，应第一时间修改、完善表述技巧，按照更新后的表述技巧方案执行工作
	工作重点
	客服部在执行表述技巧方案时，可以主动和消费者沟通，如消费者下单之后，客服人员可以立即发送一条核对订单的信息，包括收件人姓名、电话和地址等，给消费者带来更好的服务体验
	工作标准
	更新标准：表述技巧的内容可____个工作日更新一次
	考核指标
	有效回复率：目标值达到____%，用来衡量客服表述技巧的执行效果
	$$有效回复率 = \frac{有效回复数}{回复总数} \times 100\%$$
	执行规范
	"表述技巧方案""客服考核指标"

10.3　客户服务培训流程设计与工作执行

10.3.1　客户服务培训流程设计

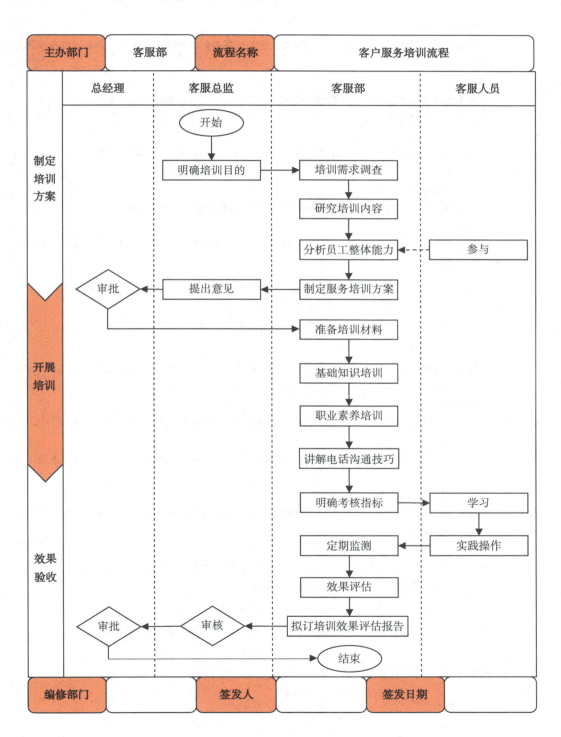

10.3.2 客户服务培训执行程序、工作标准、考核指标、执行规范

任务 名称	执行程序、工作标准与考核指标
制定 培训 方案	**执行程序** **1.明确培训目的** 　客服总监根据客服的岗位职责，明确客服人员需要具备的工作能力，通过日常培训提高客服人员的专业素养和服务水平 **2.研究培训内容** 　客服部对日常服务进行调查，根据客服人员需要具备的基本素养和专业知识确定培训需求，从而进一步研究培训的具体内容 **3.分析员工整体能力** 　客服部对员工进行能力考察，按员工的能力对其进行等级划分，并根据不同能力等级确定相应的培训内容 **4.制定客户服务培训方案** 　客服部将确定的培训内容、培训日程表及相关资料等进行整理、汇总，制定详细的培训方案 **工作重点** 　客服部在制定客户服务培训方案时，需要结合日常工作中的真实案例，同时还应设计实操课程和理论课程 **工作标准** 　时间标准：＿＿个工作日内完成培训方案的制定工作
开展 培训	**执行程序** **1.基础知识培训** 　客服部对客服人员进行基础知识培训，培训内容包括产品专业知识、交易规则、支付流程与规则、物流快递及接待知识等 **2.职业素养培训** 　客服部对客服人员的职业素养进行培训，培训内容包括情绪管理能力、沟通能力及自控力等 **3.讲解电话沟通技巧** 　客服部向客服人员讲授和消费者电话沟通的技巧，分析其中的重点与难点，如语速、语调、倾听方式等 **4. 明确考核指标** 　客服部在培训时，应明确客服人员在日常工作中的各项考核指标，确保每个员工知晓自己的工作内容和绩效指标 **工作重点** 　客服部在培训时，需要注重产品知识的培训，可将产品的属性、使用效果等制定成清晰的表格，发给每个员工，使员工在工作中更好地服务消费者 **工作标准** 　培训标准：客服部要制定培训考试题目，以考核客服人员对培训知识的掌握程度 **考核指标** 　方案目标完成率：目标值为＿＿%，用来衡量方案的完成情况 $$方案目标完成率 = \frac{实际达成的方案目标数}{计划达成的方案目标数} \times 100\%$$

任务名称	执行程序、工作标准与考核指标
效果验收	**执行程序** **1.定期监测** ☆客服人员参加培训后，将所学运用到实际工作中，进行实践操作 ☆客服部可定期进行抽查，查看每个员工的服务能力和工作效果 **2.效果评估** ☆客服部对客服人员的实际工作效果进行评估，对比客服人员培训前后的工作能力 ☆客服部根据客服人员的工作效果评估结果，分析培训的实际效果及存在的问题，提出解决方案，拟订详细的培训效果评估报告，交于客服总监审核、总经理审批 **工作重点** 客服部对客服人员的工作进行抽查时，频率不宜太高，以免影响客服人员的正常工作状态 **工作标准** 编写标准：培训效果评估报告的内容、格式统一遵从公文写作要求，书写规范，无错别字
执行规范	
"客户服务培训方案""客服培训测试题""培训效果评估报告"	

第10章 电商客服管理

10.4 退换货管理流程设计与工作执行

10.4.1 退换货管理流程设计

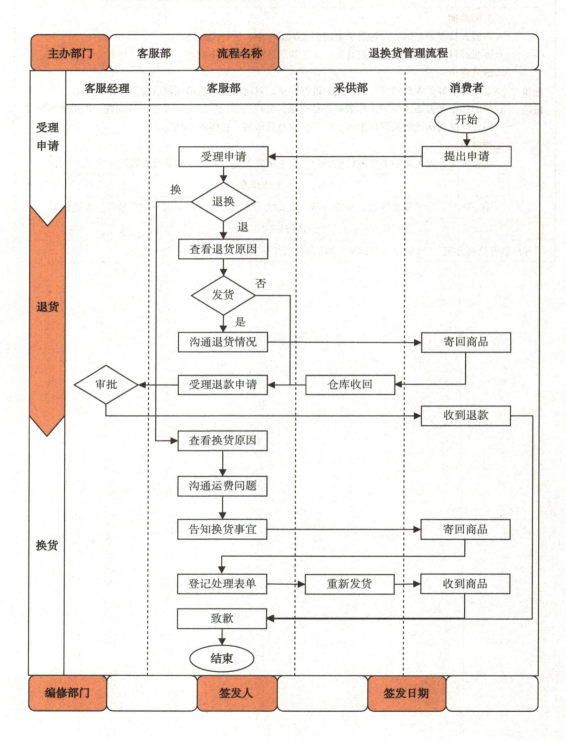

主办部门	客服部	流程名称	退换货管理流程

	客服经理	客服部	采供部	消费者

受理申请

退货

换货

开始 → 提出申请 → 受理申请 → 退换（换/退）→ 查看退货原因 → 发货（否/是）→ 沟通退货情况 → 寄回商品 → 仓库收回 → 受理退款申请 → 审批 → 收到退款

查看换货原因 → 沟通运费问题 → 告知换货事宜 → 寄回商品 → 登记处理表单 → 重新发货 → 收到商品 → 致歉 → 结束

编修部门		签发人		签发日期	

10.4.2 退换货管理执行程序、工作标准、考核指标、执行规范

任务名称	执行程序、工作标准与考核指标
受理申请	**执行程序** ☆消费者联系客服提出退换货申请 ☆客服系统收到申请后，客服部要第一时间回复消费者，受理申请 **工作重点** 　客服部要重视消费者提出的退换货申请，且态度端正，仔细解答消费者提出的各种问题，尽力满足消费者提出的正当要求 **工作标准** 　时间标准：须在＿＿＿分钟内受理退换货申请
退货	**执行程序** **1.查看退货原因** 　客服部受理消费者的退货申请，在后台系统查看退货原因 **2.处理退货** ☆客服部先查看消费者所购买商品的发货情况，如未发货，则直接联系消费者，指导消费者进行操作，选择类型为"我要退款"，且退款理由最好选择"拍错订单"或者"不想要了"。客服部在处理退款时，也要仔细核查退款理由 ☆如商品已发货，且消费者已收到商品，这种情况下的退货，客服部应将退货运费、寄回地址及相关注意事项与消费者沟通清楚，客服部收到商品后受理退款申请 ☆如消费者在未收到商品的情况下申请退款，客服部可联系消费者，请消费者在商品送达时选择拒收，并在收到退回的商品后及时安排退款 **工作重点** 　客服部和消费者沟通退货情况时，可指导消费者在退回商品的包裹内放入一张纸条，注明联系电话、注册账号及订单编号等信息，方便客服部收到快件后及时处理退款 **工作标准** 　效率标准：在＿＿＿个工作日内完成消费者退货申请的处理工作
换货	**执行程序** **1.查看换货原因** 　客服部在后台查看消费者换货原因，检查库存，查看消费者要求更换的商品型号是否充足 **2.沟通运费问题** 　客服部与消费者进行沟通，换货运费一般由消费者自行承担，若该商品有运费险，则无需消费者承担 **3.处理换货** ☆客服部将商品寄回的详细地址及包裹注意事项告知消费者，将换货情况记录在备注框中，同时记录好时间与备注人姓名 ☆客服部将消费者的换货情况登记在"售后问题处理表"中，待收到商品后，再将商品信息记入"售后问题处理表"，并将新的快递单号记录在此，同时客服部要将新的快递单号记录在备注框中原来的位置，以确保消费者询问时，客服部能够掌握处理进度

任务名称	执行程序、工作标准与考核指标
换货	**执行程序**
	工作重点 客服部可使用专业的系统处理相关问题，如 ERP 系统；当订单量较少时，也可以采用 Excel 表格
	工作标准
	服务标准：客服部应按照服务制度接待消费者，态度须端正，语气要温和
	考核指标
	消费者满意度：目标值为_____分以上，用来衡量客服部的售后服务质量
	执行规范
	"售后问题登记表""客户服务制度"

10.5.1　物流信息异常处理流程设计

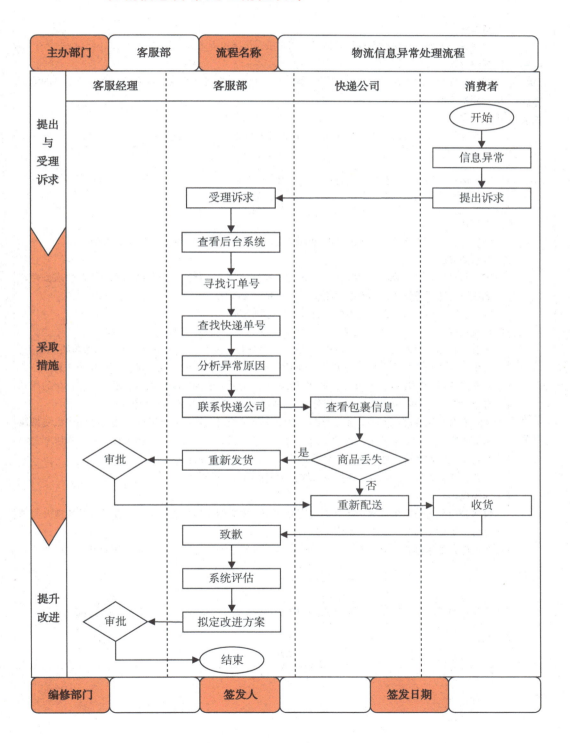

10.5.2　物流信息异常处理执行程序、工作标准、考核指标、执行规范

任务名称	执行程序、工作标准与考核指标
提出与受理诉求	**执行程序** **1. 提出诉求** 　　消费者查看物流信息时发现异常情况，向客服人员提出诉求 **2. 受理诉求** 　　客服部在后台收到消费者的诉求后，第一时间安抚消费者，并在后台系统中查看消费者的消费记录和物流信息 **工作重点** 　　客服部收到消费者的诉求后务必在第一时间进行回复，并且应态度诚恳、语气温和 **工作标准** 　　时间标准：须在＿＿＿分钟内受理消费者诉求
采取措施	**执行程序** **1. 查找快递单号** 　　客服部查看后台系统后，找出消费者的订单号，并根据订单号查找对应的快递单号 **2. 分析异常原因** ☆客服部分析物流信息异常的原因，一般为没有物流信息或物流信息长时间未更新，快递派件超区或该地域不予配送，物流显示签收但消费者未收到商品 ☆客服部根据物流信息异常的不同情况采取相应的措施 **3. 异常处理** ☆客服部根据快递单号联系快递公司，快递公司查看包裹信息，如快递单号在配送包装时丢失，客服部先查找发货当天的快递底单，根据底单联系快递公司的客服人员，将单号告知对方，让其查询并进行物流信息更新；如发货当天没有消费者的快递底单，则可能没有将该订单的商品打包发走，那么客服部应及时进行补发，并将最新的快递单号告知消费者 ☆客服部联系快递公司查看包裹信息时，如属于超区或者某地域不予配送，快递公司可以安排快递员进行转运，重新配送；因配送疏忽导致的商品丢失，或者商品被他人代收时，客服部需提交重新发货的申请，经客服经理审批通过后，快递公司重新配送 ☆消费者成功收货后，客服部向消费者致歉，尽量消除消费者的不满情绪 **工作重点** ☆快递公司配送过程中导致商品丢失，客服部需将丢失的订单号进行登记，在后续与快递公司结算时，应要求其按市价进行赔偿 ☆客服部在处理消费者诉求时，须及时进行登记并跟进处理情况，避免后续和消费者对话时前后混乱 **工作标准** 　　服务标准：客服部受理消费者诉求时，应服务态度端正、语气温和，保持良好的职业素养 **考核指标** 　　顾客满意度：目标值为＿＿＿分以上，用来衡量客服部服务的水平

任务名称	执行程序、工作标准与考核指标
提升改进	**执行程序**
	1. 系统评估 　客服部可定期在后台物流系统查看店铺的物流指数，通过系统评估总结不足之处 **2. 拟定改进方案** ☆客服部根据系统评估及总结的不足之处，拟定相应的改进方案，并交于客服经理审批 ☆客服部按照审批通过的改进方案改进物流服务，提高店铺的物流水平 **工作重点** 　客服部要定期查看后台物流系统，分析各项物流指标，同时还需查看店铺物流指数在行业中所处的位置，观察竞争对手的物流指数和能力
	工作标准
	内容标准：改进方案的内容需详细，方案、文件的格式按照相关公文标准设计
执行规范	
"物流信息异常登记表""物流服务改进方案"	

第 10 章　电商客服管理

10.6 产品差价与缺货问题处理流程设计与工作执行

10.6.1 产品差价与缺货问题处理流程设计

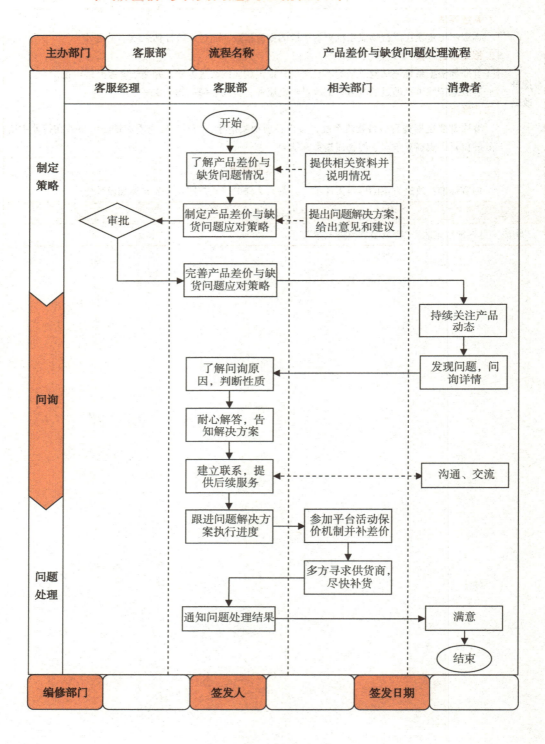

10.6.2　产品差价与缺货问题处理执行程序、工作标准、考核指标、执行规范

任务名称	执行程序、工作标准与考核指标
制定策略	**执行程序** **1. 了解产品差价与缺货问题情况** 　客服部对产品差价和缺货问题进行了解，问题相关负责部门提供相关资料并说明产品差价和缺货问题原因 **2. 制定产品差价与缺货问题应对策略** ☆客服部根据产品差价和缺货问题的实际情况，制定产品差价与缺货问题应对策略，提交客服经理审批 ☆问题相关负责部门提出解决方案，并给出应对意见和建议 **工作重点** 　产品差价与缺货问题应对沟通技巧应由客服部具备相关经验的专业人员共同商讨确定 **工作标准** 　质量标准：产品差价与缺货问题应对策略充分考虑了消费者可能出现的情绪反应，针对不同类型的消费者有对应的回复方法
问询	**执行程序** **1. 了解问询原因，判断性质** ☆消费者关注产品动态，发现产品差价问题和缺货问题，询问客服部 ☆客服部了解消费者询问的问题，判断是消费性质还是投诉性质 **2. 耐心解答，告知解决方案** 　客服部对消费者的问题进行解答，并告知其相关问题的解决方案 **3. 建立联系，提供后续服务** 　客服部可与消费者建立联系，待相关问题解决后及时通知消费者 **工作重点** 　针对需要购买产品却面临产品缺货的消费者问询，客服专员要积极引导其购买企业的替代产品，避免客户流失 **工作标准** 　考核标准：客服部对产品差价和缺货问题处理得当，无明显过失 **考核指标** 　消费者投诉数：目标值为低于＿＿＿次，该指标是对产品差价和缺货问题应对结果的直接反映
问题处理	**执行程序** **1. 跟进问题解决方案执行进度** ☆客服部持续跟进产品差价和缺货问题解决方案的执行进度 ☆参加电商平台的保价机制，合理设置活动期间的产品价格，同时给相关消费者补足差价 ☆多方寻找合格的供货商或生产商，扩大供货渠道，增加供货数量，尽快补货 **2. 通知问题处理结果** 　产品差价和缺货问题解决后，客服部向消费者通知处理结果

（续表）

任务名称	执行程序、工作标准与考核指标
问题处理	**执行程序**
	工作重点 　客服部要及时获取产品差价和缺货问题的处理信息，确保准确回答消费者问询
	工作标准
	☆质量标准：客服部问题跟进及时，无消费者问询回复错误 ☆考核标准：客服专员在确认问题处理结果后＿＿＿小时内通知消费者
	考核指标
	消费者满意度：目标值为不低于＿＿＿分，该指标是对产品差价和缺货问题处理结果的直接反映
	执行规范
	"产品差价与缺货问题应对策略" "产品差价和缺货问题解决方案" "产品差价和缺货问题处理结果"

电商运营管理 流程设计与工作标准

10.7.1   产品售后问题处理流程设计

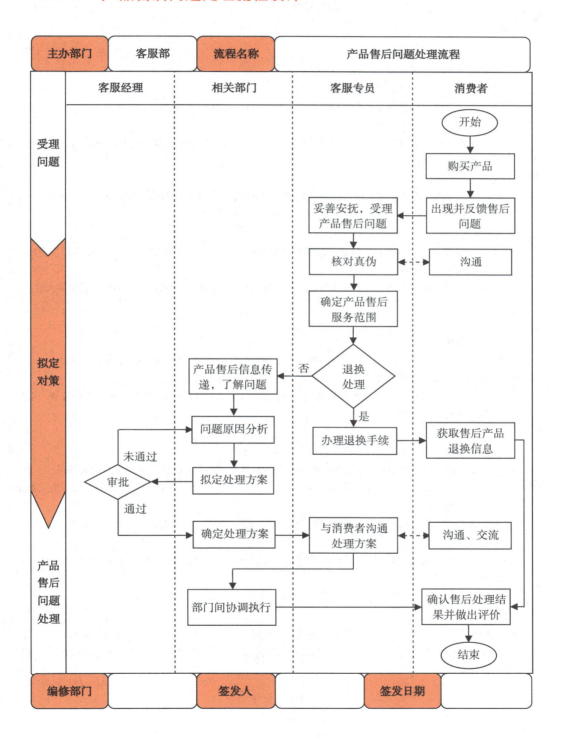

10.7.2 产品售后问题处理流程执行程序、工作标准、考核指标、执行规范

任务名称	执行程序、工作标准与考核指标
受理问题	**执行程序** **1. 出现并反馈售后问题** ☆消费者通过各大电商平台购买产品 ☆消费者在使用产品的过程中发现问题，将相关信息反馈给客服专员 **2. 妥善安抚，受理产品售后问题** 　客服专员根据具体情况对消费者进行情绪安抚，记录、汇总消费者针对产品问题提出的处理要求和意见，受理产品售后问题 **工作重点** 　客服专员在听取消费者关于产品售后问题的意见时，一定要耐心仔细，并适当使用沟通技巧 **工作标准** ☆质量标准：客服专员对消费者反馈的信息要准确把握，分析其中的关键问题，便于以后更加全面地解决和应对相关问题 ☆内容标准：客服专员对消费者反馈信息的记录包括快递包装、产品外观、数量、质量等内容
拟定对策	**执行程序** **1. 核对真伪** 　客服专员对消费者提供的产品问题的相关证明进行审查核对，确定产品售后问题的真伪 **2. 确定产品售后服务范围** 　客服专员根据消费者购买产品的初始订单数据，对产品售后问题的时效和权限进行检查，明确产品的售后服务范围 **3. 退换处理** ☆客服专员确定产品可退换的，为消费者办理产品退换手续 ☆产品售后问题不在退换服务范围内的，客服专员要将产品售后问题信息传递给相关部门 ☆产品售后问题相关部门了解具体情况，分析问题产生的原因，拟定相关的处理方案，提交客服经理审批 ☆如客服经理审批不通过，则重新拟定产品售后问题处理方案，再次提交审批直至通过 **工作重点** 　产品问题相关部门要相互配合，共同参与拟定处理方案，确保从技术、质量、物流等层面一次性解决产品问题 **工作标准** ☆核对标准：客服专员对消费者提供的图片、视频等证明资料进行检查，确保相关资料真实有效 ☆质量标准：客服专员要尽量安抚消费者的情绪，缩小产品售后事件的影响范围，切实有效地解决问题

任务名称	执行程序、工作标准与考核指标
产品售后问题处理	**执行程序** **1. 与消费者沟通处理方案** 　产品售后问题处理方案审批通过后，客服专员就产品问题处理方案与消费者进行沟通，争取达成一致意见 **2. 部门间协调执行** ☆产品问题处理方案意见达成一致后，相关部门进行协调合作，共同执行产品售后问题处理方案 ☆消费者确认售后处理结果，对此次产品售后进行满意度评价 **工作重点** 　客服专员要充分理解并积极满足消费者需求，相关部门相互协调完成方案中各方的职责，以及资源配置、时间安排等事项 **工作标准** ☆质量标准：产品售后问题处理方案可以圆满解决消费者遇到的问题 ☆效率标准：产品售后问题处理方案一经协商确认，立即开始执行 **考核指标** 　产品售后问题处理方案的沟通及时性：客服专员要在收到相关信息的____小时内与客户沟通
执行规范	
"产品售后服务管理制度""产品售后问题处理方案"	

10.8 客服销售管理流程设计与工作执行

10.8.1 客服销售管理流程设计

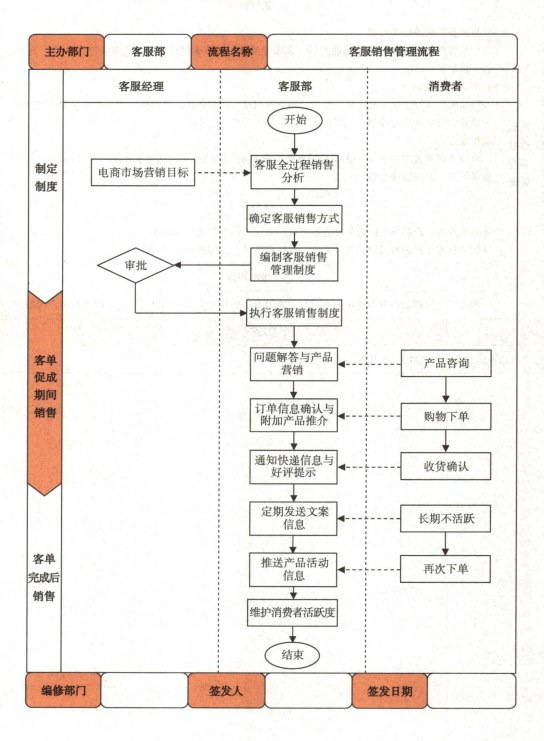

10.8.2 客服销售管理流程执行程序、工作标准、考核指标、执行规范

任务名称	执行程序、工作标准与考核指标
	执行程序
制定制度	**1. 客服全过程销售分析** ☆客服经理向客服部传达企业电商市场营销目标 ☆客服部对客服工作全过程进行分析，明确客服销售的关键节点 **2. 编制客服销售管理制度** 　客服部编制客服销售管理制度，提交客服经理审批，审批通过后方可执行 **工作重点** 　客服销售更多地处于被动的位置，客服部要抓住推动销售的关键节点，以提高客单价
	工作标准
	依据标准：客服销售管理制度符合企业销售管理制度的规定
	考核指标
	客服销售管理制度一次性审批通过率：该指标用于考核客服销售管理制度编制的质量 $$客服销售管理制度一次性审批通过率 = \frac{首次审批通过的制度数}{提交审批的制度总数} \times 100\%$$
	执行程序
客单促成期间销售	**1. 问题解答与产品营销** ☆消费者在电商平台上浏览商品，向客服专员咨询相关问题 ☆客服专员解答消费者提出的问题，同时向消费者介绍产品，促使消费者下单 **2. 订单信息确认与附加产品推介** ☆消费者对产品了解后，购物下单 ☆客服专员将订单信息发送给消费者，在确认订单的同时推介店铺的其他产品 **工作重点** 　客服销售与解答消费者问询是同步进行的，客服专员要注意两者之间的促进关系
	工作标准
	考核标准：客服专员在服务消费者期间应态度端正、不急不躁，耐心倾听消费者的问题
	考核指标
	消费者满意度：目标值为不低于＿＿＿分，该指标是考核客服专员工作质量的重要指标
	执行程序
客单完成后销售	**1. 定期发送文案信息** 　客服部定期将品牌和产品的宣传文案及新品信息推送给以往的消费者 **2. 推送产品活动信息** 　客服部将产品促销和活动信息推送给消费者，营销企业产品，推动消费者购买下单 **工作重点** 　客服部要注意维护与消费者之间的关系，不要生硬地推送营销信息，这对促进产品销售只会产生负面的效果

（续表）

任务 名称	执行程序、工作标准与考核指标
客单 完成后 销售	**工作标准**
	质量标准：产品营销信息推送频率合适，能引发消费者阅读兴趣，推动消费转化
	考核指标
	消费者回购率：该指标是对客服部在客单完成后阶段销售成果的直接反映 $$消费者回购率 = \frac{回购的消费者人数}{维护的消费者总人数} \times 100\%$$
	执行规范
	"客服销售管理制度"

10.9.1 客户投诉处理流程设计

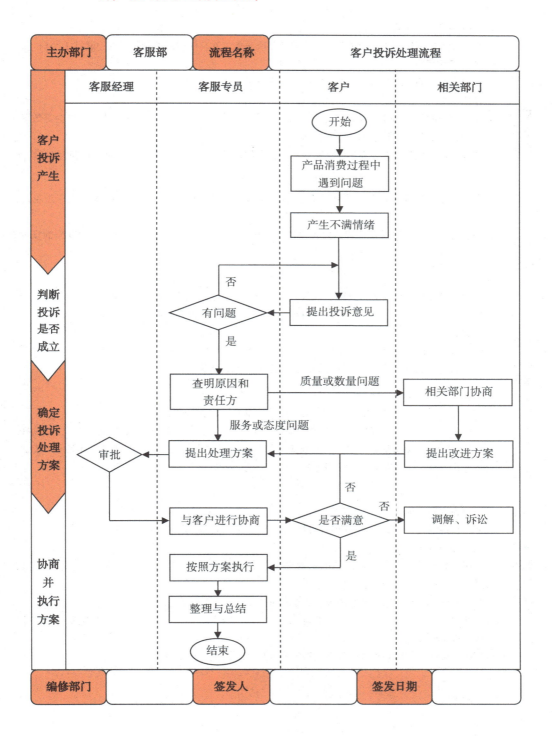

10.9.2　客户投诉处理执行程序、工作标准、考核指标、执行规范

任务 名称	执行程序、工作标准与考核指标
客户 投诉 产生	**执行程序** **1.产品消费过程中遇到问题** 　客户在各类市场营销活动中购买企业的产品或服务，并在使用或消费的过程中遇到了问题 **2.产生不满情绪** 　客户因购买的产品或服务存在问题而产生不满情绪，提出投诉 **工作重点** ☆电商销售时不应采用虚假宣传手段，或向客户承诺一些产品无法实现的功能，这样会导致客户 　在购买后发现与实际情况不符而提出投诉 ☆形成销售订单时，客服专员应向客户说明公司的售后服务政策，如出现哪些情况可以进行投诉 **工作标准** ☆方法标准：客服部应为客户提供各种投诉渠道，如官方客服平台、客服热线、客户意见反馈 　卡等 ☆内容标准：客户投诉登记表的内容应包括客户姓名、联系方式、投诉事项、客户期望的投诉处 　理结果等
判断 投诉 是否 成立	**执行程序** ☆客服专员接收、记录客户投诉，对客户投诉进行调查分析，判定投诉是否成立 ☆若客户投诉不成立，客服专员判定为非企业责任，则应妥善答复客户 **工作重点** 　受理投诉事件应及时，客服专员在受理热线、来访或来信投诉时，要做到"四清楚"：清楚投诉 人账户名、清楚订单号、清楚事情的经过、清楚联系地址及电话 **工作标准** ☆质量标准：必须准确判定客户投诉是其自身的原因还是企业的原因 ☆审核标准：若投诉不成立，客服专员要耐心地向客户说明原因；若投诉成立，能立刻解决的， 　客服专员应立刻解决，给客户一个满意的答复；若投诉成立但不能立即解决，客服专员应认真 　分析投诉症结，并和客户协商确定处理投诉的最后期限
确定 投诉 处理 方案	**执行程序** **1.查明原因和责任方** 　客户投诉成立，客服专员根据客户投诉的具体情况，查明问题的原因和责任方 **2.提出处理方案** ☆若客户投诉查明是产品或服务的质量、数量及其他原因导致的，相关责任部门组织召开会议， 　进行讨论协商，查明问题产生的原因 ☆相关责任部门根据问题产生的原因制定改进方案，进一步完善企业产品 ☆若客户投诉查明是服务或态度问题导致的，相关服务人员应进行自检，核查问题发生的具体原 　因，提出处理方案 ☆客服专员将本部门和相关责任部门制定的处理方案提交客服经理审批

電商運營管理 流程设计与工作标准

任务名称	执行程序、工作标准与考核指标
确定投诉处理方案	**执行程序**
	工作重点 ☆客服部及相关部门要及时制定问题处理方案，以免招来更多的客户投诉 ☆注意保持客观公正，在充分保证客户权益的同时也要给每个员工申诉的机会，以免造成"冤假错案"
	工作标准
	☆质量标准：根据实际情况，参照客户的投诉要求，提出解决投诉的具体方案，尽量以最低的成本解决问题 ☆依据标准：方案依据企业的相关规定制定，如"客户投诉管理办法""售后服务管理制度"等
	考核指标
	处理方案的可行性：可操作强，并且经济成本较低
协商并执行方案	**执行程序**
	1. 与客户进行协商 　　处理方案审批通过后，客服专员根据批示后的方案与客户进行沟通、协商，争取达成双方都满意的处理结果 **2. 客户是否满意** ☆若客户不满意，客服专员可多次协商，并针对处理方案进行一定程度且合理的退让 ☆若多次沟通仍不能取得客户的认可，客服部可联合企业法务部门准备应对客户的法律诉讼 ☆若客户对处理方案表示满意，客服专员按照投诉处理方案做好补偿和售后等相关工作 **3. 整理与总结** 　　客服专员对客户投诉处理的过程和措施进行整理与总结，将相关的记录和重要的协商证明材料归档保存，以备后续使用 **工作重点** ☆与客户保持良好的沟通，以期妥善解决问题 ☆沟通时要注意方式方法，自始至终保持气氛和谐，不要将矛盾激化
	工作标准
	☆质量标准：客服专员对已经处理完毕的投诉应及时进行回访，以检查客户投诉处理效果 ☆效率标准：客服专员每月××日前汇总上月的客户投诉处理情况，填制"客户投诉统计表"，将投诉处理结果和投诉处理建议上报
	考核指标
	客户投诉处理满意率：该指标是客服部处理客户投诉能力的直接体现，目标值为不低于80% $$客户投诉处理满意率 = \frac{客户对处理结果满意的次数}{客户投诉总次数} \times 100\%$$
	执行规范
	"客户服务准则""客户投诉登记表""客户投诉管理办法""售后服务管理制度""客户投诉处理方案"

第 **11** 章　电商团队建设

11.1　电商团队建设管理流程设计

11.1.1　流程设计目的

企业实施电商团队建设流程管理的目的如下：

（1）建立规范、专业、高效、便于管理的电商团队，使其具有明确的目标导向和团队凝聚力，达到预定的管理激励和管理控制目标；

（2）提高电商团队管理各个事项的工作效率，快速响应市场需求，促进电商营销效果最大化；

（3）规范电商团队管理各个事项的工作流程，逐步实现企业管理的规范化、标准化。

11.1.2　流程结构设计

电商团队建设管理流程结构将电商团队建设细分为 4 个事项，分别就每个事项设计流程，具体的结构设计如图 11-1 所示。

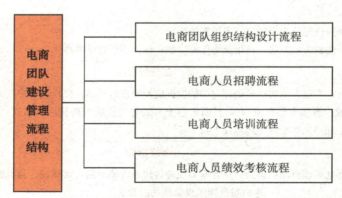

图 11-1　电商团队建设管理流程结构设计

11.2.1　电商团队组织结构设计流程

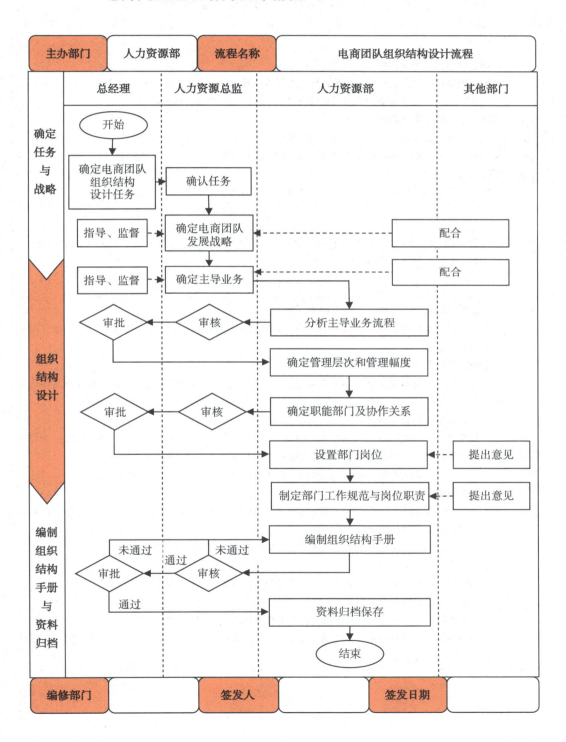

| 主办部门 | 人力资源部 | 流程名称 | 电商团队组织结构设计流程 |

	总经理	人力资源总监	人力资源部	其他部门
确定任务与战略	开始 → 确定电商团队组织结构设计任务 → 指导、监督 → 指导、监督	确认任务 → 确定电商团队发展战略 → 确定主导业务		配合 配合
组织结构设计	审批 ← 审批 ←	审核 ← 审核 ←	分析主导业务流程 → 确定管理层次和管理幅度 → 确定职能部门及协作关系 → 设置部门岗位 → 制定部门工作规范与岗位职责	提出意见 提出意见
编制组织结构手册与资料归档	未通过 审批 通过 通过	未通过 审核	编制组织结构手册 → 资料归档保存 → 结束	

| 编修部门 | | 签发人 | | 签发日期 | |

11.2.2 电商团队组织结构设计执行程序、工作标准、考核指标、执行规范

任务名称	执行程序、工作标准与考核指标
确定任务与战略	**执行程序** **1.确定电商团队组织结构设计任务** ☆根据电商团队的发展战略和经营目标，总经理确定电商团队组织结构设计任务 ☆人力资源总监确认电商团队组织结构设计任务，并下达至人力资源部 **2.确定电商团队发展战略** ☆人力资源总监根据电商企业的经营发展战略目标制定电商团队发展战略 ☆总经理指导、监督人力资源总监制定电商团队发展战略，相关部门予以配合 **工作重点** 电商团队发展战略要针对企业自身和环境的实际情况制定 **工作标准** 内容标准：电商团队发展战略包括企业概况、环境分析、对标分析、SWOT分析、发展战略、发展改革举措和战略保障等内容
组织结构设计	**执行程序** **1.确定主导业务** 人力资源总监根据电商发展战略目标及规划，结合自身的内外部环境、业务范围等因素，明确电商的主导业务 **2.分析主导业务流程** 依据既定的总体战略目标，明确电商企业的工作内容和主导业务流程，同时，对各项具体业务进行分工，将性质相同或相近的工作内容进行适当的优化组合，编制主导业务流程图 **3.确定管理层次和管理幅度** ☆根据既定的主导业务流程及各项主要的业务事项，结合企业的特点、组织环境等因素，进行部门的设置和划分，规定管理层次和管理幅度，在此基础上选择合适的组织形式 ☆将部门的基本职能和关键职能逐层分解，细化为可具体操作的单一的业务活动 **4.确定职能部门及协作关系** ☆人力资源部根据确定的管理层次及管理幅度，依据组织结构形态进行职能部门的划分，并从管理流程上确定各部门之间的协作关系 ☆人力资源部将制定的部门职责明细表交由人力资源总监审核、总经理审批 **5.设置部门岗位** 人力资源对各部门进行工作分析，确定各部门具体设置的岗位名称及岗位编制 **6.制定部门工作规范与岗位职责** ☆人力资源部根据业务流程图和各部门业务的权责等制定部门工作规范 ☆人力资源部在相关部门的配合下确定各岗位人员的职责范围、工作关系、工作环境及应具备的素质、知识、技能等内容

任务 名称	执行程序、工作标准与考核指标
组织 结构 设计	**执行程序** **工作重点** 　　人力资源部在确定主导业务时要做好经营决策分析、经营活动分析和电商合作关系分析：经营决策分析包括产品决策、活动决策和服务决策；经营活动分析尤为重要，包括如何获取更多流量资源、如何制定产品策略并提高其视觉体验、如何实现商流和物流的高度整合与一体化；电商合作关系分析包括产品合作、流量关系合作和配送合作 **工作标准** 内容标准：岗位职责应包括职责范围、工作关系、工作环境及应具备的素质、知识、技能等
编制 组织 结构 手册 与 资料 归档	**执行程序** **1. 编制组织结构手册** 　　人力资源部编制组织结构手册，提交人力资源总监审核、总经理审批通过后组织实施 **2. 资料归档保存** 　　人力资源部将组织结构手册及相关资料归档保存 **工作重点** 　　组织结构手册的编制应符合电商企业的经营管理需要 **工作标准** 时间标准：组织结构手册在规定的时间内编制完成 **考核指标** 资料归档率：用来衡量资料归档的情况 $$资料归档率 = \frac{实际归档资料数}{应归档资料数} \times 100\%$$
执行规范	
"电商企业发展战略规划""市场环境调查报告""组织结构设计管理制度""部门职责明细表""岗位职责汇总表""组织结构手册"	

第三章　电商团队建设

11.3 电商人员招聘流程设计与工作执行

11.3.1 电商人员招聘流程设计

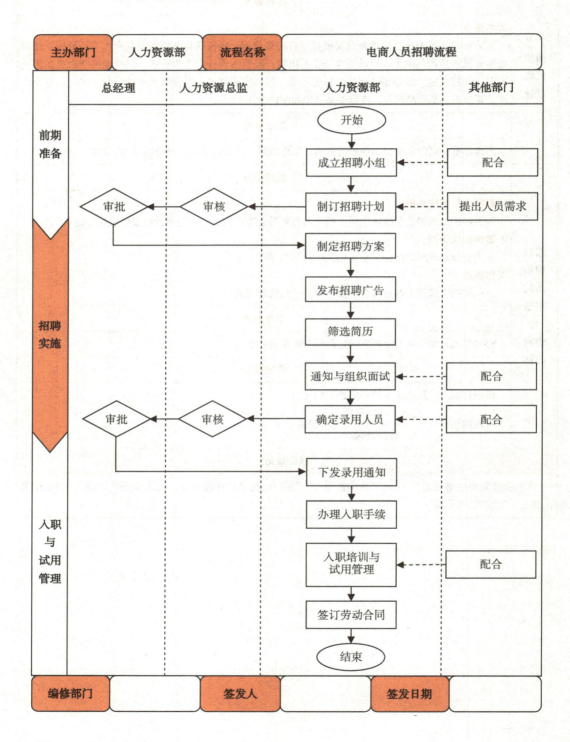

主办部门	人力资源部	流程名称	电商人员招聘流程

	总经理	人力资源总监	人力资源部	其他部门

前期准备 / 招聘实施 / 入职与试用管理

开始 → 成立招聘小组 ← 配合
制订招聘计划 ← 提出人员需求
审批 ← 审核 ← 制订招聘计划
制定招聘方案
发布招聘广告
筛选简历
通知与组织面试 ← 配合
确定录用人员 ← 配合
审批 ← 审核 ← 确定录用人员
下发录用通知
办理入职手续
入职培训与试用管理 ← 配合
签订劳动合同
结束

编修部门		签发人		签发日期	

11.3.2　电商人员招聘执行程序、工作标准、考核指标、执行规范

任务名称	执行程序、工作标准与考核指标
前期准备	**执行程序** **1. 成立招聘小组** 　　人力资源部组织成立招聘小组，各部门协助配合 **2. 制订招聘计划** 　　用人部门提出人员需求，招聘小组汇总用人部门的人员需求，并结合电商团队的发展战略，制订总体招聘计划，报人力资源总监审核，审核通过后报总经理审批 **工作重点** 　　招聘小组由人力资源部招聘专员、用人部门负责人及企业中高层领导组成 **工作标准** ☆内容标准：招聘计划应包括人员需求清单、招聘工作时间安排、招聘预算等内容 ☆时间标准：招聘计划应在每年度／季度／月度的＿＿月＿＿日前完成
招聘实施	**执行程序** **1. 制定招聘方案** 　　招聘小组根据招聘计划制定具体的招聘方案 **2. 发布招聘广告** 　　人力资源部负责在选定的招聘渠道上发布具体的招聘岗位信息 **3. 筛选简历** ☆招聘小组根据岗位说明筛选应聘简历 ☆未通过筛选的应聘简历存入公司人才储备库 **4. 通知与组织面试** ☆人力资源部招聘小组向筛选出的人员发送面试通知 ☆人力资源部根据招聘面试实施流程及应聘人员的面试实施方案开展面试活动，用人部门参与面试 **工作重点** ☆电商人员的岗位涉及领域及内容较多，因此在渠道选择、面试考官选择、面试试题设计等方面均应有针对性和专业性 ☆电商人员尤其是电商推广人员的招聘广告内容设计、形式体现均应有特色，且符合企业文化 **工作标准** ☆内容标准：招聘方案的内容应包括具体的招聘渠道介绍、招聘广告信息、面试流程、应聘人员的面试实施方案和招聘费用等 ☆依据标准：招聘广告、录用条件应遵循国家相关法律规定 **考核指标** 招聘任务完成率：目标值为100%，人力资源部应按时、按要求完成人员招聘工作

任务名称	执行程序、工作标准与考核指标
入职与试用管理	**执行程序** **1. 确定录用人员** 　人力资源部会同用人部门确定录用人员，并报人力资源总监审核、总经理审批 **2. 下发录用通知** 　人力资源部根据经过审批的名单通知被录用人员办理入职手续，注明入职岗位、入职时间及需要准备的入职材料 **3. 办理入职手续** 　被录用人员按通知到人力资源部办理入职手续 **4. 入职培训与试用管理** ☆人力资源部组织开展岗前培训，培训后新员工到相应的部门岗位开展试用期工作 ☆人力资源部主导新员工试用期考核工作，用人部门协助完成 **5. 签订劳动合同** 　人力资源部负责在恰当的时间与新员工签订劳动合同 **工作重点** 　人力资源部要对拟录用人员进行背景调查 **工作标准** 　目标标准：新员工岗前培训的目的是帮助其了解企业相关制度、规范、企业文化及自身岗位的职责、能力要求等

执行规范
"电商团队招聘管理制度""电商人员需求申请表""电商人员招聘计划""电商人员招聘方案""电商人员笔试试卷""应聘人员面试评估表""应聘人员背景调查表""岗前培训书""试用期考核表""转正申请书""转正考核意见表"

电商运营管理 流程设计与工作标准

11.4 电商人员培训流程设计与工作执行

11.4.1 电商人员培训流程设计

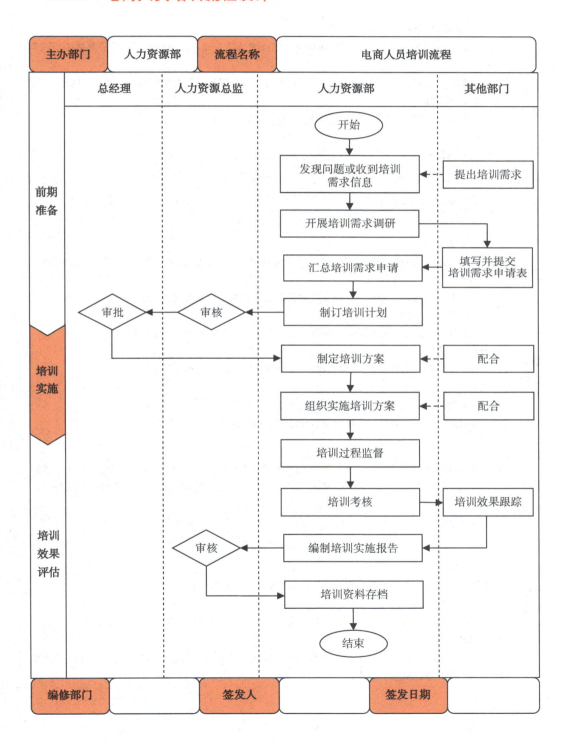

11.4.2 电商人员培训执行程序、工作标准、考核指标、执行规范

任务名称	执行程序、工作标准与考核指标
前期准备	**执行程序** **1. 开展培训需求调研** ☆人力资源部根据发现的管理问题和操作问题反馈及员工提出的培训需求，开展具体的培训需求调研 ☆相关部门定期组织填写并提交培训需求申请表，人力资源部负责整理与汇总各部门的培训需求 **2. 制订培训计划** 人力资源部根据培训需求申请表，结合企业的发展战略目标，制订培训计划 **工作重点** 在设计调研问卷时，应保证该问卷便于调研结果的回收及其有效性 **工作标准** 依据标准：人力资源部应根据不同部门及岗位人员设计培训内容、培训时间等
培训实施	**执行程序** **1. 制定培训方案** ☆培训计划经人力资源总监审核、总经理审批通过后，人力资源部根据审批意见制定具体的人员培训方案 ☆涉及专业领域的，相关部门应配合人力资源部完成培训方案的制定工作 **2. 组织实施培训方案** 人力资源部根据培训方案选定培训师，在相关部门的配合下组织实施培训活动 **3. 培训过程监督** 人力资源部在培训实施中对培训过程进行监督管理，发现问题及时改正 **工作重点** ☆人力资源部应提前将培训通知下发到相关部门及人员 ☆在开课前落实好培训场地、培训设备及培训课程资料等 **工作标准** ☆内容标准：培训方案的内容应包括电商人员通用类培训，如入职培训、沟通能力培训、管理能力培训、任职能力提升培训等；也应包括电商人员专业技能培训，如店铺装修、运营推广、客户服务等 ☆方法标准：培训可采用讲授、研讨、案例研究、试听等方式开展
培训效果评估	**执行程序** **1. 培训考核** 培训结束后，人力资源部组织对参加培训的全体人员进行培训考核 **2. 培训效果跟踪** 相关部门在培训后的一定时间内对培训效果进行跟踪，并将结果反馈给人力资源部 **3. 编制培训实施报告** 人力资源部在培训完成后对培训方案的执行情况、培训效果等进行分析、总结，编制培训实施报告，并报人力资源总监审核

电商运营管理 流程设计与工作标准

任务名称	执行程序、工作标准与考核指标
培训效果评估	**执行程序**
	4.培训资料存档 　　人力资源部将与培训相关的培训实施报告、视频、图片、文件等资料归档管理 **工作重点** 　　人力资源部应监督指导参加培训的人员遵守培训纪律、填写培训签到表和培训效果评估表等
	工作标准
	☆目标标准：新员工岗前培训的目的是帮助新员工了解企业相关制度、规范、企业文化及自身的岗位职责、能力要求等 ☆内容标准：培训实施报告的内容应包括培训效果评价、师资评价、教材评价和费用评价等
	考核指标
	培训总结报告编制的及时性：必须在规定的时间内完成
执行规范	
"电商团队培训管理制度""电商人员培训需求申请表""电商人员培训需求汇总表""电商人员培训需求调研报告""电商人员培训实施报告"	

第三章　电商团队建设

11.5 电商人员绩效考核流程设计与工作执行

11.5.1 电商人员绩效考核流程设计

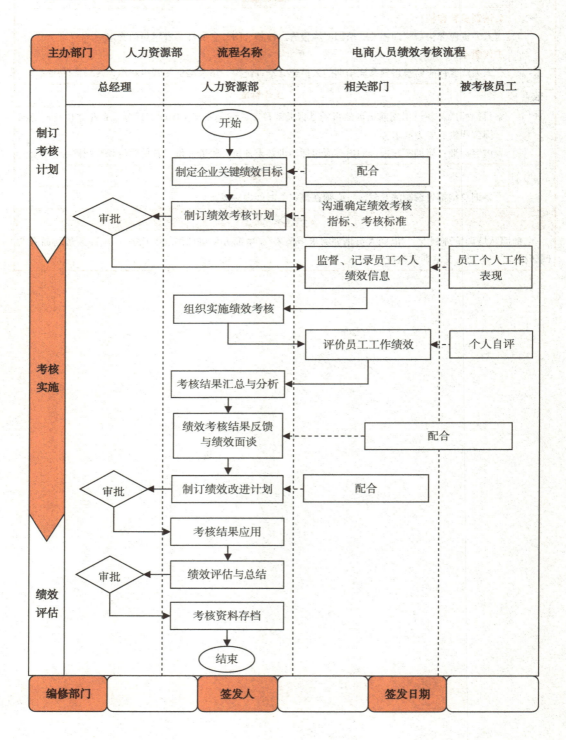

主办部门	人力资源部	流程名称	电商人员绩效考核流程

	总经理	人力资源部	相关部门	被考核员工

制订考核计划 / 考核实施 / 绩效评估

开始 → 制定企业关键绩效目标 ← 配合

制订绩效考核计划 ← 沟通确定绩效考核指标、考核标准 / 审批

监督、记录员工个人绩效信息 ← 员工个人工作表现

组织实施绩效考核

评价员工工作绩效 ← 个人自评

考核结果汇总与分析

绩效考核结果反馈与绩效面谈 ← 配合

制订绩效改进计划 ← 配合 / 审批

考核结果应用

绩效评估与总结 / 审批

考核资料存档

结束

编修部门		签发人		签发日期	

电商运营管理 流程设计与工作标准

11.5.2　电商人员绩效考核执行程序、工作标准、考核指标、执行规范

任务名称	执行程序、工作标准与考核指标
制订考核计划	**执行程序** **1. 制定企业关键绩效目标** ☆人力资源部通过企业经营计划确定企业关键绩效目标，作为制定部门及个人绩效目标的基础 ☆相关部门配合人力资源部制定本部门的关键绩效目标 **2. 制订绩效考核计划** 　人力资源部根据确定的企业关键绩效目标，与各部门沟通考核指标和标准，并在此基础上制订绩效考核计划，提交总经理审批 **工作重点** 　人力资源部应以各部门负责人与所属员工进行绩效沟通后确定的考核指标和标准为基础制订绩效考核计划 **工作标准** 目标标准：绩效目标须经相关部门负责人及员工确认、签字
考核实施	**执行程序** **1. 组织实施绩效考核** ☆相关部门负责人应在员工工作中监督、记录员工个人绩效信息 ☆绩效考核计划经总经理审批通过后，人力资源部根据具体岗位的绩效考核表组织实施绩效考核工作 **2. 考核结果汇总与分析** 　人力资源部组织发放和回收绩效考核表，并对考核结果进行汇总与分析 **3. 绩效考核结果反馈与绩效面谈** ☆人力资源部将考核结果反馈给被考核员工，并安排与被考核员工进行绩效面谈 ☆如员工对考核结果有异议，可以提出申诉，人力资源部负责申诉处理 **4. 制订绩效改进计划** 　人力资源部就通过绩效考核发现的问题与相关部门负责人进行沟通，制订员工绩效改进计划 **5. 考核结果应用** 　人力资源部根据绩效考核管理制度的规定，落实员工的考核结果应用事宜 **工作重点** ☆绩效面谈前，人力资源部需要准备好面谈材料、拟订面谈计划、下发面谈通知书；被考核员工需填写自我评估表，准备好个人发展计划及需要提出的问题，安排好工作等 ☆员工申诉可通过匿名或实名的方式进行，人力资源部应在规定的时间内完成申诉处理工作 **工作标准** ☆时间标准：员工申诉应于绩效沟通结束后＿＿＿日内提出 ☆依据标准：绩效改进计划主要依据绩效差距分析的结果制订

任务名称	执行程序、工作标准与考核指标
绩效评估	**执行程序**
	1. 绩效评估与总结 　绩效考核工作结束后，人力资源部负责对绩效考核的组织实施开展评估工作，并撰写评估总结报告，报总经理审批 **2. 考核资料存档** 　人力资源部负责将所有的绩效考核资料存档保管 **工作重点** 　人力资源部应组织相关人员对绩效考核的全过程及考核的信度、效度等方面进行评估
	工作标准
	☆方法标准：绩效评估的方法有等级评估法、强迫分布法、排序法、对偶比较法、关键事件法及行为锚定法 ☆内容标准：绩效评估报告的内容包括报告背景、考核期限、考核范围、考核主体及考核内容、考核结果处理、考核结果分析与应用、问题总结等
	考核指标
	绩效评估报告编制的及时性：必须在规定的时间内编制完成

执行规范
"电商团队绩效管理制度""电商人员绩效考核计划""电商人员绩效考核表""电商人员绩效考核汇总表""电商人员绩效改进表""电商人员绩效面谈表""电商人员考核结果申诉表""电商人员绩效评估报告"